GPT의 시대 디지털휴머니즘

AI, 로보틱스, 메타버스 시대의 인간 중심 문명론

대구한의대학교 **박승희** 교수

대구한의대학교 교수, 원격교육지원센터장

영남대학교에서 디지털융합비즈니스학 박사를 취득하고 4차 산업혁명,

디지털트랜스포메이션, AI, 메타버스, 디지털마케팅 등을 주로

연구하고 강의하고 있다.

삼성전자판매(주), 대구사이버대학교에서 근무하였다.

머리말

우리는 지금 역사적인 전환점에 서 있습니다.

4차 산업혁명과 디지털 트랜스포메이션을 거쳐 우리는 이제 본격적인 디지털 문명의 시대로 진입하고 있습니다. 인공지능, 로보틱스, 메타버스 등 첨단 기술의 발전은 우리의 삶과 사회를 근본적으로 변화시키고 있습니다. 이 책은 이러한 변화의 본질을 이해하고, 우리가 나아가야 할 방향을 모색하기 위한 여정입니다.

이 책을 관통하는 방향성을 한 단어로 규정한다면 '디지털휴머니즘'입니다. 디지털휴머니즘은 기술의 발전과 인간 가치의 조화를 추구하는 새로운 패러다임입니다. 우리는 기술을 통해 인간의 능력을 확장하고 삶의 질을 향상시키면서도, 동시에 인간의 존엄성과 고유한 가치를 지켜나가야 합니다. 이 책은 디지털휴머니즘의 관점에서 현재의 기술 발전을 조망하고, 미래의 방향성을 제시하고자 합니다.

디지털 문명은 단순히 기술의 발전만을 의미하지 않습니다. 그것은 인간의 존재 방식, 사회의 구조, 그리고 우리가 세상을 이해하는 방식 자체를 변화시키고 있습니다. 우리는 이제 현실과 가상의 경계가 모호해지는 세상에서 살고 있으며, 인간과 기계의 관계도 새롭게 정립해야 하는 시점에 서 있습니다. 디지털휴머니즘은 이러한 변화 속에서 인간 중심적 가치를 지키면서도 기술의 혜택을 최대한 활용하는 방법을 모색합니다.

이 책에서 우리는 먼저 4차 산업혁명의 본질과 그것이 가져올 변화에 대해 살펴볼 것입니다. 이어서 디지털트랜스포메이션(DT), 인공지능(AI), 로보틱스, 메타버스 등 첨단 기술의 현주소와 미래 전망을 심도 있게 알아볼 것입니다. 이 부분에 책의 꽤 많은 분량을 할애하였습니다. 왜냐하면 디지털 문명과 디지털 기술에 대해 충분히 알아야, 이에 대한 대응방향을 올바르게 조망할 수 있기 때문입니다.

많은 디지털 기술 중에서도 AI, 로보틱스, 메타버스를 선별하여 다루는 이유는 AI가 지능적 확장, 로봇이 물리적 확장, 메타버스가 환경적 확장을 가져오는 디지털기술이기 때문입니다. 이 기술들을 통해 인간확장의 과정을 점증적으로 살펴보고자 합니다. 특히 AI 기술에 대해서는 보다 더 상세히 탐구하고자 하였는데, 이는 AI가 디지털 혁명의 핵심 동력이자 가장 큰 변화의 촉매제이기 때문입니다.

각 파트의 내용을 기술하고 정리하는데 있어서 디지털 문명과 기술이 인간의 삶과 사회에 미칠 영향, 그리고 대응방향을 적절히 언급하려고 노력하였습니다. 특히 이 부분에서 저는 디지털휴머니즘의 관점을 반영하고자 노력하였는데요. 왜냐하면 디지털휴머니즘이 인간의 정체성, 사회 구조, 산업, 교육 등 다양한 측면에서 디지털 문명이 제기하는 도전과 기회를 탐색하기에 매우 유용한 렌즈가 될 것으로 생각하기 때문입니다.

그리고 책의 마지막 부분에서는 기술 발전이 제기하는 윤리적, 철학적 질문들에 대해서 디지털휴머니즘의 관점에서 보다 직접적으로 다루고자 하였습니다. 포스트휴머니즘과 트랜스휴머니즘 등을 살펴봄으로써 인간의 미래를 조망하고, 디지털 시대의 현실 인식에 대한 철학적 고민과 질문을 던집니다. 이를 통해 독자 여러분이 기술의 혜택을 누리는 동시에 인간 고유의 가치를 지켜나가는 균형 잡힌 시각을 가질 수 있기를 기대합니다.

저는 이 책을 쓰는데 있어서 기술에 대한 맹목적인 낙관주의나 비관주의를 지양하기 위해서 노력하였습니다. 대신 비판적 사고와 윤리적 성찰을 바탕으로 디지털 문명의 가능성과 위험을 균형 있게 바라보는 것을 지향합니다. 이 책은 이러한 시각을 독자 여러분과 공유하고, 이를 통해 우리 사회의 디지털휴머니즘 담론을 발전시키고자 하는 바램을 담은 결과물입니다.

저는 이 책에서 여러분에게 디지털 문명과 디지털 기술에 대한 이해를 바탕으로 디지털휴머니즘이라는 대응적 패러다임을 제시하고자 하였습니다, 이를 통해 여러분에게 변화의 물결을 주체적으로 이해하고 대응할 수 있는 지적 토대를 제공할 수 있기를 바랍니다. 특히 미래를 이끌어갈 젊은 세대들에게, 이 책이 디지털휴머니즘의 관점에서 디지털 문명의 본질을 이해하고, 디지털 시대를 헤쳐나갈 나침반이 되기를 희망합니다.

머리말을 빌어 이 책이 나오는 데 도움을 주신 분들께 감사의 말씀을 전하고자 합니다. 먼저 이 책을 출간해 주신 대구한의대 변창훈 총장님과 출판부에 감사의 말씀을 드립니다. 그리고 책을 쓴다는 핑계로 바쁜 학과 일정에 충분히 동참하지 못했음에도 불구하고 늘 이해해주고 응원해주신 김미림 교수님과 최계희 교수님, 그리고 박순애 교수님, 박해진 교수님께 감사드립니다. 항상 숨 쉴 틈 없이 바쁜 원격교육지원센터 업무에도 자기역량을 150% 발휘해 주어 제가 집필에 집중할 수 있도록 도와준 황민영, 박수지, 변수경, 곽민지 선생님께 고마움의 마음을 전합니다. 아울러 저를 대신해 늘 우리 센터 선생님들을 케어해주시는 교육혁신처 장정현 처장님과 강정구 팀장님께도 감사의 말씀을 드립니다.

마지막으로 책을 쓴다는 이유로 인생 첫 여름방학인데도 변변한 여행 한번 같이 못간 아들 서준이에게 미안함과 고마움의 마음을, 그리고 이런 모든 것을 이해하고 든든한 응원군이 되어주는 아내, 박소령 씨에게 가장 큰 감사의 마음을 전합니다. 그리고 이 책을 찾아준 여러분께도 감사합니다. 부디 이 책이 여러분들에게 통찰력과 영감을 제공하고, 우리가 함께 만들어갈 미래의 디지털 문명에 대한 희망찬 비전을 그릴 수 있는 기회가 되기를 바랍니다.

2024년 8월 무더위가 한창인 여름방학! 서재에서 박승희.

목차

GPT의 시대 디지털휴머니즘

AI, 로보틱스, 메타버스 시대의 인간 중심 문명론

1. 4차 산업혁명 : 디지털 시대의 서막

1.1. 산업혁명의 계보 : 혁신의 연속된 물결

1.2. 4차 산업혁명의 태동 : 융합기술의 시대

1.3. 4차 산업혁명의 핵심 동력 : 초연결, 초지능, 초현실화

1.4. 산업 생태계의 대변혁 : 새로운 비즈니스 패러다임

1.5. 노동의 미래 : 일자리 지형도의 재편

1.6. 교육의 혁신 : 미래 인재 양성을 위한 새로운 접근

1.7. 4차 산업혁명의 과제와 전망 : 기회와 도전의 공존

1. 4차 산업혁명 : 디지털 시대의 서막

1.1. 산업혁명의 계보 : 혁신의 연속된 물결

산업혁명이란 새로운 기술의 출현으로 인해 생산 체계와 사회구조 전반에 걸쳐 급격하고도 혁명적인 변화가 일어나는 것을 말합니다. 산업혁명은 단순히 기술적 차원에서의 변화를 넘어, 경제, 정치, 사회, 문화 등 인간 삶의 전 영역에 지대한 영향을 미칩니다. 이러한 변화의 핵심에는 '혁신(Innovation)'이 자리 잡고 있습니다. 기존에는 상상하기 어려웠던 새로운 기술이 등장하고, 이를 통해 생산성이 비약적으로 향상되며, 나아가 사회 전반의 패러다임을 바꾸는 대변혁이 일어나게 됩니다.

이러한 측면에서 산업혁명은 인류 역사상 가장 획기적인 변화의 순간들을 대변한다고 볼수 있습니다. 즉, 새로운 기술의 출현은 생산 체계의 혁명적인 변화를 불러오고, 생산체계의 변화가 산업, 경제의 변화를, 산업과 경제의 변화가 노동시장과 교육의 변화를 불러오고, 이러한 과정에서 필연적으로 발생하는 사회적 불안을 해결하는 과정에서 사회, 제도의 변화가 이어지고, 급기야는 정치체계의 변화까지 가져오는 일련의 연쇄적, 전방위적 혁신을 가져오는 과정을 통해 인류 진보의 역사를 이끌었다고 볼수 있기 때문입니다.

1차 산업혁명

역사적으로 인류는 세 차례의 주요 산업혁명을 경험했으며, 현재 우리는 4차 산업혁명의 한가운데에 서 있습니다. 18세기 중반 영국에서 시작된 1차 산업혁명은 면직물 산업을 중심으로 시작되었습니다. [1]제임스 와트(James Watt)가 개량한 증기기관이 방적기와 직조기에 적용되면서 생산량이 크게 늘어났고, 공장제 기계공업이 발달하기 시작했습니다. 수공업에서 기계공업으로의 전환은 노동의 형태와 생산 방식에 일대 변혁을 가져왔습니다. 증기기관은 섬유공업뿐 아니라 운송, 채굴 등 다양한 분야로 확산되었고, 철도와 증기선의 발명으로 원거리 교역이 활성화되었습니다. 그리고 원거리 교역의 활성화는 세계 경제의 판도를 바꾸는 계기가 되었습니다.

1차 산업혁명은 생산력의 비약적 발전을 가져온 동시에, 사회경제적으로도 큰 변화를 초래했습니다. 공장을 중심으로 새로운 도시가 형성되고 노동자 계급이 등장했으며, 자본주의 경제 체제가 확립되기 시작했습니다. 반면 열악한 노동환경과 저임금으로 인한 노동자들의 고통도 심화되었고, 무엇보다 증기기관을 중심으로 한 생산수단을 가진 신흥 브루조아 계층과 노동력이라는 생산수단만을 가진 노동계층 간의 빈부의 격차가 확대되면서 필연적으로 사회적 불안이 가중되었으며, 이는 노동운동의 태동으로 이어졌습니다. 이처럼 1차 산업혁명은 경제적 변화뿐만 아니라 사회구조와 계급구조의 변화까지 수반한 총체적인 혁명으로 정의할 수 있습니다.

---

1) James Watt(제임스 와트, 1736-1819)는 스코틀랜드 출신의 발명가이자 기계공학자. 증기 기관의 효율성을 획기적으로 개선하여 산업 혁명에 중요한 기여를 한 인물이다.

2차 산업혁명

2차 산업혁명은 19세기 후반부터 20세기 초반에 걸쳐 일어났습니다. 내연기관과 전기에너지의 발명이 핵심 동력이었습니다. 1870년대 니콜라우스 오토(Nikolaus Otto)가 가솔린 엔진을, 1890년대 루돌프 디젤(Rudolf Diesel)이 디젤 엔진을 개발하면서 자동차 산업이 본격적으로 발전하기 시작했습니다. 1879년에는 토머스 에디슨(Thomas Edison)이 전구를 발명하고 발전과 송전 기술을 개발함으로써 전기에너지 시대를 열면서 2차 산업혁명이 꽃을 피우기 시작했다고 할 수 있습니다.

미국과 독일 등 서구 선진국들이 주도한 2차 산업혁명은 컨베이어 벨트 시스템으로 대표되는 대량생산 체제를 가능하게 했습니다. 1913년 헨리 포드(Henry Ford)는 자동차 생산에 컨베이어 벨트를 도입하고 분업과 표준화를 구현한 조립 라인을 구축함으로써 생산성을 획기적으로 높였습니다. 이는 소비재 가격 하락으로 이어졌고, 이러한 변화는 다시 중산층의 성장과 대중 소비 사회의 도래를 이끌었습니다. 또한 산업화 된 국가들의 영향력이 전 세계로 확대되면서 제국주의가 확산되는 계기가 되기도 했습니다. 왜냐하면 2차 산업혁명을 주도하는 국가의 입장에서는 대량생산을 위한 원료의 공급처를 확보해야 했으며, 동시에 대량생산으로 인해 자국 내 소비만으로는 불가능해진 생산품의 판매시장도 필요했기 때문입니다. 이들 국가들이 이러한 문제를 해결하기 위한 방편으로 식민지를 확보하는 제국주의를 선택하면서 제국주의 경쟁이 벌어지게 된 측면이 있습니다. 말하자면 인류 근대사에서 매우 큰 족적을 남긴 제국주의를 불러온 주요한 원인 중의 하나도 2차 산업혁명이 된 셈으로 그만큼 산업혁명은 단순한 기술영역에서의 혁명이나 산업영역에서의 혁명으로 치부하기에는 인류사에 미친 영향력이 너무 크다고 할 수 있겠습니다.

또한 2차 산업혁명 시기에는 전기산업 뿐만이 아니라 전기산업과 연관되는 화학, 철강, 석유 등의 산업이 급성장했으며, 특히 전신, 전화, 라디오 등 혁신적인 통신산업이 시작되었다는 것은 의미하는 바가 큽니다, 앞써 살펴본 1차 산업혁명이 증기선과 증기기관차로 교통의 혁명을 가져왔다면, 2차 산업혁명은 통신의 혁명을 가져온 셈이죠. 말하자면 인류는 1차 산업혁명의 교통혁명으로 공간적 측면에서 근대적 세계화의 첫발을 내디뎠으며 2차 산업혁명의 통신혁명으로 시간적 측면에서의 근대적 세계화로 접어들기 시작했다고 평가할 수 있습니다. 이렇게 순차적으로 진행된 교통과 통신의 혁명은 제국주의를 더욱 공고히 하는 부정적인 결과를 가져오기도 했지만, 긍적적인 관점에서 바라본다면 현재 우리가 살고 있는 글로벌화된 세계가 이때 태동했다고 평가 할 수도 있을 것입니다.

다시 2차 산업혁명의 이야기로 돌아와서, 2차 산업혁명을 통해 실현된 대량생산 체제는 경제적으로 기업의 규모 확대와 독점 자본주의의 심화를 가져왔습니다. 19세기 말에서 20세기 초에 걸쳐 미국에서는 [2]J.P.모건(J.P. Morgan), 록펠러(John D. Rockefeller), 앤드루 카네기(Andrew Carnegie) 등으로 대표되는 거대기업의 자본가들이 등장했습니다. 이들은 수직계열화를 통해 원료 조달부터 생산, 유통, 판매에 이르는 전 과정을 장악하며 막강한 시장 지배력을 행사했습니다.

2) J.P. 모건(J.P. Morgan, 1837-1913)은 미국의 저명한 금융가이자 은행가로, 19세기 후반부터 20세기 초반까지 미국 경제와 산업 발전에 큰 영향을 미친 인물이다.

사실 록펠러나 카네기 등 인류 역사상 가장 부유했던 인물들이 이 시기에 집중적으로 출현한 것도 이러한 이유입니다. 즉, 철강 등 전기에너지를 기반으로 한 생산수단의 보유와 독점, 그리고 그 이면에서 작용한 석유 에너지의 독점 등이 종합적으로 작용하여 부의 양극화를 극단적으로 촉진한 것입니다.

이러한 배경 속에서 2차 산업혁명기에는 1차 산업혁명 때보다 부의 양극화가 더욱 심화되었습니다. 도시로 몰려든 노동자들은 열악한 주거환경과 장시간 노동에 시달렸고, 이러한 상황은 결국 노동조합 운동의 활성화와 사회주의 혁명의 불씨가 되었습니다

이 과정들이 진행되는 가운데 산업경제 영역에서의 급격한 발전 속도를 따라가지 못한 사회 및 제도의 발전 속도로 인해 필연적으로 발생하는 사회적 부작용은 경제대공황이 발생하는 한 원인이 되었고, 여기에 제국주의의 심화가 더해지면서 두 번에 걸친 세계대전까지 일어나게 되었다고 볼 수 있습니다.

이렇듯 2차 산업혁명은 산업지형 전반과 사회적 계층구조 뿐만 아니라 국제질서와 이데올로기에까지 영향을 끼친 19세기에서 20세기를 관통하는 굴곡있는 인류사의 커다란 모멘텀이 되었음을 부인할 수 없습니다.

3차 산업혁명

3차 산업혁명은 20세기 후반, 특히 1970년대 이후 가속화된 정보화 혁명을 일컫습니다. 컴퓨터와 인터넷으로 대표되는 정보통신기술(ICT)의 발전이 3차 산업혁명의 핵심동력이었습니다. 1946년 세계 최초의 컴퓨터인 에니악(ENIAC)

이 개발된 이후, 1960-70년대를 거치며 반도체 집적회로 기술이 발전하고 개인용 컴퓨터(PC)의 기반이 마련되고, 1981년 IBM PC의 출시와 1985년 윈도우(Window) 운영체제의 등장으로 PC의 대중화가 본격적으로 진행되었습니다.

1990년대에 들어서는 [3]월드와이드웹(WWW:World Wide Web)의 발명으로 인터넷이 대중화되었고, 정보의 디지털화와 네트워크화가 급속도로 진행되었습니다. 이는 전 세계적인 정보 혁명을 촉발시켰고, 지식과 정보가 새로운 생산요소로 부상하게 되었습니다. 이 시기에 우리가 많이 사용했던 용어가 바로 지식정보화사회였으며 ICT기술이 가장 핵심적인 기술분야로 부상하기 시작했다고 할수 있습니다.

디지털 기술의 발전은 산업 전반에 걸쳐 자동화와 최적화를 가능하게 했습니다. 컴퓨터를 활용한 설계(CAD)와 생산(CAM)이 확산되었고, 유연생산시스템(FMS:Flexible Manufacturing System)과 컴퓨터 통합 생산(CIM:Computer Integrated Manufacturing)이 도입되면서 다품종 소량생산이 가능해졌습니다. 산업용 로봇의 도입으로 생산 공정의 자동화가 한층 진전되었습니다. 1990년대를 전후하여 기업의 전사적 자원관리(ERP:Enterprise Resource Planning) 시스템과 공급망 관리(SCM:Supply Chain Management) 시스템이 확산되면서 기업 활동의 효율성이 크게 제고되었습니다.

디지털 혁명은 경제와 사회 전반에도 구조적 변화를 가져왔습니다. 지식과 정보가 부가가치의 원천이 되는 지식기반경제로의 이행이 본격화되었고, 서비스 산

3) 월드와이드웹(World Wide Web, WWW): 인터넷 상에서 하이퍼텍스트 문서(웹 페이지)를 서로 연결하여 정보에 접근할 수 있도록 만든 정보 시스템이다.

업의 비중이 크게 높아졌습니다. 인터넷의 발달로 전자상거래가 활성화되고 새로운 비즈니스 모델이 등장했으며, 글로벌 아웃소싱과 개인 창업이 확산되었습니다. 한편 정보기술은 정치, 행정, 교육 등 사회 각 분야에도 적용되어 효율성과 투명성을 제고하는 한편, 시민참여를 확대하는 데에도 기여했습니다.

또한 앞써 살펴본 1차와 2차 산업혁명을 통한 교통과 통신의 발달이 가져온 글로벌화의 관점에서 3차 산업혁명은 또 다른 차원의 글로벌화를 촉진하였습니다. 통신이 디지털 방식으로 전환되면서 통신의 효율이 과거와는 비교할 수 없을 정도로 개선되었고, 무엇보다 월드 와이드 웹을 통해 세계는 그야말로 하나의 생태계로 전환되었다고 해도 과언이 아닙니다. 특히 월드 와이드 웹, 즉 인터넷을 통한 글로벌화는 국가 간, 또는 산업 간의 글로벌화를 넘어 개인의 글로벌화를 실현함으로써 그야말로 세계시민이라는 단어를 구현해 냈다고 할 수 있습니다.

이상에서 살펴본 바와 같이 1차에서 3차에 걸친 일련의 산업혁명은 새로운 기술을 바탕으로 경제, 사회, 문화 등 인간 삶의 제반 영역에 근본적인 변화를 가져왔습니다. 각 단계의 산업혁명은 긍정적 발전의 계기인 동시에 새로운 갈등과 문제를 낳기도 했지만 종합적으로는 근대의 인류문명의 발전을 촉진했다고 평가할 수 있겠습니다.

그리고 지금, 우리는 또다시 디지털 기술과 물리적 · 생물학적 기술의 융합으로 대표되는 4차 산업혁명의 한가운데 서 있습니다. 이전의 산업혁명과 달리, 4차 산업혁명은 그 진행 속도와 범위, 영향력에 있어 전례 없는 변화를 예고하고 있어 더욱더 현명한 대응을 요구받고 있다고 할 수 있습니다.

1.2. 4차 산업혁명의 태동 : 융합기술의 시대

18세기 증기기관에서 시작된 1차 산업혁명, 19세기 후반 전기에너지와 내연기관이 이끈 2차 산업혁명, 그리고 20세기 후반 컴퓨터와 인터넷으로 대표되는 3차 산업혁명에 이어, 인류는 21세기를 관통하는 새로운 변혁의 물결을 맞이하고 있습니다.

2016년 [4]세계경제포럼(World Economic Forum)에서 클라우스 슈밥(Klaus Schwab)이 제시한 '4차 산업혁명(The Fourth Industrial Revolution)' 개념은 디지털 기술과 물리적 · 생물학적 기술의 융합으로 이전과는 차원이 다른 변화가 예상된다는 인식을 담고 있습니다.

〈세계경제포럼의 의장 클라우스 슈밥〉

〈출처 : wikimedia〉

4) 세계경제포럼(World Economic Forum, WEF)은 1971년 스위스 제네바에서 독일 경제학자 클라우스 슈밥(Klaus Schwab)이 창립한 비영리 국제기구이며, 매년 다보스에서 개최되어 다보스포럼이라고 불리기도 한다.

4차 산업혁명의 등장 배경으로는 무엇보다 지난 반세기 동안의 괄목할 만한 디지털 기술의 발전을 들 수 있습니다. 1965년 고든 무어(Gordon Moore)가 제시한 '무어의 법칙(Moore's Law)'은 집적회로의 성능이 매 18-24개월마다 2배씩 향상될 것이라고 예측했는데, 이는 지난 50여 년간 거의 그대로 들어맞았습니다. 덕분에 오늘날의 스마트폰은 1970년대 슈퍼컴퓨터의 연산능력을 훨씬 뛰어넘게 되었습니다.

4차 산업혁명의 물결은 단순히 기술적 차원에 머무르지 않고, 경제, 사회, 문화 전반의 지각변동을 예고하고 있습니다. 2016년 세계경제포럼에서 클라우스 슈밥이 언급했듯, 4차 산업혁명은 그 속도, 범위, 영향력에 있어 이전의 산업혁명과는 질적으로 다른 변화의 쓰나미가 될 전망입니다. 따라서 각국 정부와 기업, 시민사회가 4차 산업혁명에 적극적으로 대응하고 변화를 선도해 나가는 것이 그 어느 때보다 중요해졌습니다.

4차 산업혁명의 핵심 기술로는 인공지능(AI), 사물인터넷(IoT), 빅데이터(Big Data), 로보틱스(Robotics), 3D 프린팅(3D Printing), 나노기술(Nanotechnology), 바이오기술(Biotechnology) 등을 들 수 있습니다. 이들 기술은 개별적으로 발전하는 것이 아니라, 서로 융합하고 시너지를 내며 혁신적인 변화를 이끌어내고 있습니다. 예를 들어, AI와 빅데이터 기술이 결합하여 정밀의료와 개인화된 교육을 가능케 하고, IoT와 로보틱스의 융합은 스마트팩토리와 자율주행차를 현실화하고 있습니다.

국가별로도 4차 산업혁명에 대응하기 위한 다양한 정책과 전략이 수립되고 있습니다. 독일은 'Industry 4.0'이라는 이름으로 제조업의 디지털 전환을 추진 중입니다. 사이버물리시스템(CPS : Cyber-Physical Systems)을 기반으로 생산설비와 생산품을 네트워크로 연결하고, 생산 전 과정을 실시간으로 모니터링하고 최적화함으로써 유연하고 효율적인 생산체계를 구현한다는 비전을 담고 있습니다. 또한 중소기업의 디지털화를 지원하는 '미텔슈탄트 4.0(Mittelstand 4.0)' 프로그램도 가동 중입니다.

미국은 '어드벤스드 메뉴펙츄얼링 파트너십(Advanced Manufacturing Partnership)' 프로그램을 통해 제조업 혁신을 추진하고 있으며, '브레인 이니셔티브(Brain Initiative)'를 통해 뇌과학 연구와 AI 기술 발전을 도모하고 있습니다. 중국은 '메이드인 차이나2025(Made in China 2025)'와 '인터넷플러스(Internet Plus)' 전략을 통해 제조업 고도화와 디지털 경제 육성에 박차를 가하고 있습니다.

일본은 '소시에이티 5.0(Society 5.0)' 비전을 제시하며, 4차 산업혁명 기술을 활용해 사회문제를 해결하고 새로운 가치를 창출하는 초스마트사회 실현을 목표로 하고 있습니다. 한국도 '4차 산업혁명 대응계획'을 수립하고, 지능정보사회 구현을 위한 다양한 정책을 추진 중입니다.

이렇게 주요 국가에서 4차 산업혁명을 대비하기 위한 정책에 골몰하는 것은 4차 산업혁명으로 인해 산업 구조와 노동시장에도 큰 변화가 있을 것이 자명하기 때문입니다.

먼저 산업과 노동의 관점에서는 자동화와 AI의 발전으로 많은 일자리가 사라질 것이라는 우려가 있는 반면, 새로운 기술과 산업의 등장으로 지금은 상상하기 어려운 새로운 직업들이 생겨날 것이라는 전망도 있습니다. 이러한 산업과 노동의 변화는 교육 시스템에 대한 혁신요구까지 연결되는 도미노와 같은 현상이 벌어지고 있습니다.

또한, 4차 산업혁명은 기존의 산업 경계를 허물고 새로운 비즈니스 모델을 창출하고 있습니다. 플랫폼 경제의 부상, 공유경제의 확산, 맞춤형 대량생산 등이 그 예입니다. 이는 기업들에게 혁신의 기회를 제공하는 동시에, 기존 산업 질서의 파괴적 변화를 야기하고 있습니다.

그러나 4차 산업혁명이 가져올 변화가 모두에게 긍정적인 것만은 아닙니다. 기술 발전의 혜택이 특정 계층에 편중될 경우 불평등이 심화될 수 있으며, 개인정보보호와 AI 윤리 문제 등 새로운 사회적 이슈들도 제기되고 있습니다. 따라서 4차 산업혁명의 흐름을 올바르게 이해하고, 그 혜택을 사회 전체가 고루 누릴 수 있도록 하는 노력이 필요합니다.

결론적으로, 4차 산업혁명은 우리에게 전례 없는 기회와 도전을 동시에 제시하고 있습니다. 이러한 변화의 물결 속에서 우리는 기술의 발전이 인간의 삶을 어떻게 더 풍요롭고 의미 있게 만들 수 있을지에 대해 깊이 고민해야 할 것입니다. 동시에 기술 혁신이 초래할 수 있는 부작용을 최소화하고, 모든 이에게 공정한 기회를 제공할 수 있는 사회 시스템을 구축하는 것이 우리 세대의 중요한 과제가 될 것입니다.

1.3. 4차 산업혁명의 핵심 동력 : 초연결, 초지능, 초현실화

2016년 세계경제포럼에서 '4차 산업혁명의 이해(Mastering the Fourth Industrial Revolution)'를 주제로 열띤 토론이 벌어졌습니다. 이 자리에서 세계경제포럼 회장 클라우스 슈밥(Klaus Schwab)은 4차 산업혁명을 이끄는 3대 특징으로 '속도(Velocity)', '범위와 깊이(Breadth & Depth)', '시스템적 충격(System Impact)'을 꼽았습니다.

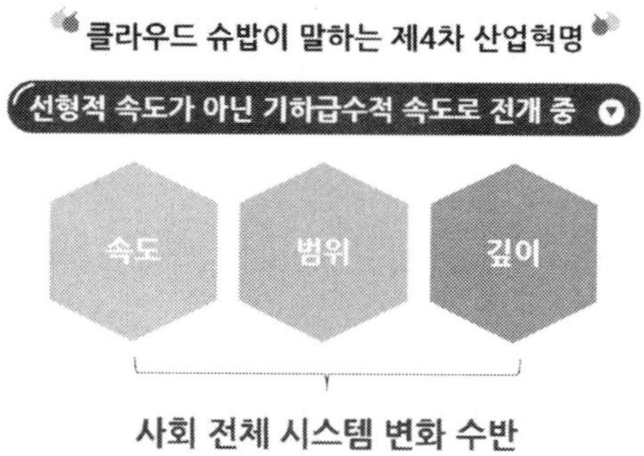

먼저 4차 산업혁명은 그 변화의 속도에 있어서 이전 산업혁명과 확연히 구분됩니다. 18세기 증기기관의 발명으로 시작된 1차 산업혁명, 19세기 후반, 전기의 발명이 이끈 2차 산업혁명, 그리고 1970년대 컴퓨터의 도입으로 시작된 3차 산업혁명은 각각 수십 년에서 백년 전후의 점진적 과정을 거쳤습니다. 반면 현재 진행되고 있는 4차 산업혁명은 인공지능, 로봇공학, 사물인터넷(IoT), 무인운송수단, 3D 프린팅, 나노기술, 바이오기술, 에너지 저장기술, 양자컴퓨팅 등 다양한 분야에서 동시다발적인 기술 혁신이 이뤄지며 기하급수적인 속도로 전개되고 있습니다.

범위와 깊이 측면에서 4차 산업혁명은 과학기술 전 영역에 걸친 융합과 파괴적 혁신을 동반하고 있습니다. 디지털 기술과 물리적 기술, 생물학적 기술의 경계가 희석되고, 서로 다른 기술 영역의 결합을 통해 이전에는 상상할 수 없었던 혁신적 제품과 서비스들이 쏟아져 나오고 있습니다. 인공지능이 유전공학, 신소재 개발, 신약 개발 등에 활용되고, 3D 프린팅 기술이 제조업은 물론 건축, 의료 분야 등에 적용되는 것이 대표적 사례입니다. 또한 개별 기술의 진보를 넘어, 인공지능 기술을 중심으로 한 기술들 간의 융합과 보완을 통해 자율주행차, 스마트시티, 정밀의료 등 혁신적인 솔루션들이 구현되고 있습니다.

마지막으로 4차 산업혁명은 경제 구조, 산업 지형, 고용 형태 등 사회 시스템 전반에 광범위한 영향을 미치고 있습니다. 온디맨드 경제, 공유경제의 확산으로 기존의 비즈니스 모델이 흔들리고 있으며, 인공지능과 로봇의 도입으로 단순 반복 업무를 중심으로 일자리가 감소하는 한편, 신기술 분야의 일자리는 증가하는 등 노동시장의 재편이 진행되고 있습니다. 나아가 4차 산업혁명 기술은 정치, 행정, 교육, 복지, 의료 등 우리 삶의 전 영역에 스며들며 근본적인 변화를 초래하고 있습니다.

이처럼 4차 산업혁명은 속도와 범위, 깊이, 사회적 충격에 있어 과거 산업혁명과는 질적으로 다른 변화의 흐름을 보이고 있습니다. 이를 좀 더 기술을 중심으로 하여 정리하면, 초연결성(Hyper-Connectivity), 초지능화(Hyper-Intelligence), 초현실화(Hyper-Reality)를 4차 산업혁명을 규정하는 3대 키워드로 꼽을 수 있는데요. 즉 이 세가지는 4차 산업혁명에 대해 보편적으로 인정되는 특징으로 통용되고 있습니다.

4차 산업혁명의 보편적 특징

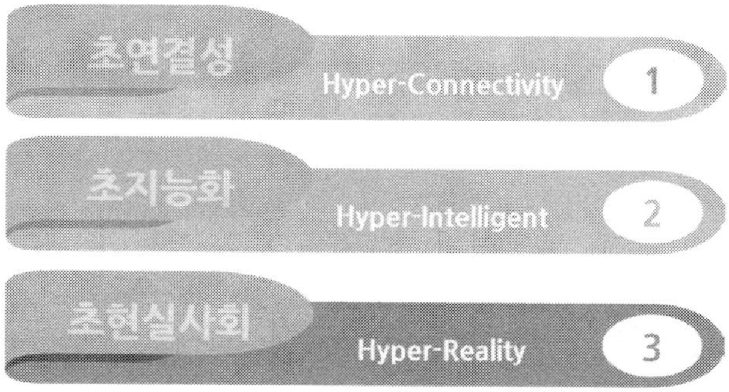

먼저 초연결성은 사물인터넷(IoT)으로 대표되는 만물의 연결을 의미하며, 이를 통해 구현되는 데이터의 폭발적 증가를 의미합니다. 사람과 사람, 사람과 사물, 사물과 사물이 인터넷을 통해 연결되고, 이를 통해 생성되는 데이터가 기하급수적으로 늘어나고 있습니다. 시장조사기관 IDC(International Data Corporation)에 따르면 2018년 전 세계에서 생성된 데이터의 양은 33ZB(Zeta Bytes)였으나, 2025년에는 175ZB에 이를 것으로 전망됩니다. 빅데이터로 불리는 이 거대한 데이터 집합은 인공지능을 훈련시키고, 새로운 통찰과 가치를 창출하는 원천이 되고 있습니다.

사이버물리시스템(CPS) 역시 초연결 사회에서 중요한 개념입니다. 가상공간과 현실세계를 연결하는 CPS는 초연결 환경에서 생성되는 빅데이터를 실시간으로 분석하고, 이를 기반으로 현실세계의 시스템을 제어, 최적화함으로써 제조, 에너지, 교통, 의료 등 다양한 분야에서 효율성과 안전성을 높이고 있습니다. 독일의 '인더스트리 4.0(Industry 4.0)'이 CPS 기반의 지능형 생산시스템 구축을 목표로 하는 것이 대표적 사례입니다.

두 번째 키워드인 초지능화는 인공지능의 급속한 발전과 이를 통한 업무 자동화와 의사결정 지능화를 가리킵니다. 특히 초연결성을 통해 구현된 빅데이터의 생성과 딥러닝 알고리즘의 발달이 맞물리면서, 인공지능은 이미지 인식, 음성 인식, 자연어 처리 등의 분야에서 인간의 인지능력을 뛰어넘는 수준에 도달했습니다. 2016년 알파고의 등장은 인공지능의 이러한 발전상을 일반 대중에게 각인시키는 계기가 되었습니다.

그리고 AI는 이제 단순 작업을 넘어 복잡한 의사결정과 창의적인 작업까지 수행할 수 있는 수준에 도달하고 있으며, 그 중에서도 머신러닝과 딥러닝 기술의 발전으로 AI의 성능은 앞으로 더욱 빠른 속도로 발전할 것으로 예상됩니다.

특히 AI의 발전은 산업영역에서 자동화의 범위를 크게 확장시키고 있습니다.[5] 맥킨지 글로벌 연구소(McKinsey Global Institute)의 보고서에 따르면, 현재 기술로도 전체 직업의 약 30% 이상이 자동화될 수 있는 잠재력을 가지고 있다고 합니다. 이는 노동 시장과 직업의 개념에 근본적인 변화를 가져올 것입니다.

이러한 발전을 통해 인공지능 기술은 의료, 금융, 법률, 교육 등 전문 영역은 물론, 제조, 물류, 유통 등 산업 현장과 교통, 에너지, 환경 등 공공 인프라 운영에 이르기까지 광범위하게 적용되며 효율성 제고와 새로운 가치 창출을 견인하고 있습니다. 아울러 자율주행차, 지능형로봇, 스마트팩토리 등 초지능 기술이 구현된 제

5) 맥킨지 글로벌 연구소(McKinsey Global Institute, MGI)는 1990년에 설립된 맥킨지 앤드 컴퍼니(McKinsey & Company)의 연구 부서로, 글로벌 경제와 비즈니스에 관한 심층적인 연구와 분석을 제공하는 싱크탱크입니다.

품과 서비스가 속속 상용화되며 우리의 일상을 변화시키고 있습니다.

마지막으로 초현실화는 가상과 현실의 융합, 물질과 디지털의 경계 희석을 의미합니다. 대표적으로 가상현실(VR:Virtual Reality)과 증강현실(AR:Augmented Reality) 기술은 게임, 엔터테인먼트부터 제조, 의료, 교육, 국방에 이르기까지 다양한 분야에 적용되며 현실과 가상의 구분을 모호하게 만들고 있습니다. 최근에는 VR/AR을 넘어 현실세계와 가상세계가 실시간으로 상호작용하는 혼합현실(MR: Mixed Reality) 기술도 빠르게 발전하고 있습니다.

VR 기술은 완전한 가상 환경을 제공하여 사용자를 새로운 세계로 몰입시킵니다. 게임과 엔터테인먼트 분야를 넘어 교육, 훈련, 의료 등 다양한 영역에서 활용되고 있습니다. 예를 들어, 의대생들은 VR을 통해 위험 없이 복잡한 수술 절차를 반복 훈련할 수 있습니다.

AR 기술은 현실 세계에 디지털 정보를 겹쳐 보여줌으로써 우리의 현실 인식을 확장합니다. 스마트폰 앱을 통한 길 찾기에서부터 산업 현장에서의 작업 지원까지 AR의 활용 범위는 계속 확대되고 있습니다.

MR은 VR과 AR의 장점을 결합한 기술로, 현실과 가상이 더욱 자연스럽게 상호작용하는 환경을 제공합니다. 마이크로소프트의 홀로렌즈와 같은 MR 기기들은 산업 설계, 원격 협업 등에서 혁신적인 변화를 가져오고 있습니다.

이러한 초현실화 기술들은 메타버스(Metaverse)라는 개념으로 진화하고 있습니다. 메타버스는 현실 세계와 가상 세계가 융합된 초현실 세계로, 향후 우리의 사회, 경제, 문화 활동의 새로운 플랫폼이 될 것으로 전망됩니다.

초연결, 초지능, 초현실화는 개별적으로 발전하는 것이 아니라 서로 긴밀하게 연결되어 시너지를 만들어냅니다. 초연결성이 만들어내는 빅데이터는 AI, 즉 초지능의 성능을 높이는 연료가 되고, 향상된 AI, 즉 초지능은 다시 초연결 네트워크를 더욱 효율적으로 관리합니다. 또한 초지능과 초연결의 발전은 더욱 실감나는 가상현실과 증강현실 경험을 가능케하여 초현실화를 촉진 합니다.

정리하자면 4차 산업혁명은 초연결, 초지능, 초현실화의 3대 특성이 복합적으로 작용하며 기술과 산업, 사회 전반을 근본적으로 변화시키는 거대한 흐름입니다. 그리고 이러한 변화의 물결은 비즈니스의 패러다임 전환, 노동시장의 재편, 교육 시스템의 혁신 등 우리 삶의 다양한 영역에 직접적 영향을 미치고 있습니다.

1.4. 산업 생태계의 대변혁 : 새로운 비즈니스 패러다임

4차 산업혁명은 비즈니스 세계에 새로운 기회와 도전을 동시에 제시하고 있습니다. 첨단기술의 발달로 생산성이 높아지고 새로운 비즈니스 모델이 창출되는 반면, 기존 산업의 경쟁력은 약화되고 일자리는 감소하는 등 구조적 변화가 불가피해지고 있습니다. 기업들은 이러한 환경 변화에 선제적으로 대응하기 위해 기술 투자를 확대하고, 조직문화와 일하는 방식을 혁신하는 한편, 신규 사업 발굴에도 적극 나서고 있습니다.

무엇보다 4차 산업혁명은 제조업의 지형을 근본적으로 바꿔놓고 있습니다. 독일의 '인더스트리 40.(Industry 4.0)'이 상징하듯, 사물인터넷과 빅데이터, 인공지능, 자동화 기술이 제조 현장에 접목되며 스마트팩토리(Smart Factory) 구현이 본격화되고 있습니다. 설비와 기계, 부품 등을 네트워크로 연결하고, 생산 전 과정을 실시간으로 모니터링, 제어함으로써 생산성과 품질, 유연성을 획기적으로 높일 수 있게 된 것입니다.

나아가 인공지능 기반의 수요 예측, 공정 시뮬레이션 등을 통해 최적의 생산계획을 수립하고, 협업로봇(Cobots:Collaborative Robot)과 3D 프린팅을 활용해 다품종 소량생산을 구현하는 등 고객 맞춤형 제조가 가능해지고 있습니다. 지멘스(Siemens)의 암베르크 공장은 AI와 IoT를 활용한 스마트팩토리의 대표적 사례입니다. 실시간 데이터 분석을 통해 생산 공정을 최적화하고, 불량률을 크게 낮췄습니다. 세계 최고의 전기차 제조 브랜드인 테슬라(Tesla)의 프리몬트 공장 역시 AI 기반 로봇과 시스템을 활용해 전기차를 생산합니다. 이를통해 실시간 수요 예측과 생산계획 수립으로 효율성을 극대화했습니다. GE항공(GE Aviation)은 3D 프린팅을 활용해 항공기 엔진 부품을 제조하고 있습니다. 특히, 연료 노즐을 3D 프린팅으로 제작함으로써 부품의 무게를 줄이고, 생산 비용을 절감했습니다. 이로인해 연료 효율이 향상되고, 유지보수 비용이 줄어드는 효과를 얻었습니다. BMW 또한 3D 프린팅을 활용해 맞춤형 부품과 프로토타입을 제작하고 있습니다. 특히, 맞춤형 부품을 소량으로 생산함으로써 고객의 요구에 빠르게 대응할 수 있습니다.

제조 공정의 혁신은 산업 생태계의 변화로도 이어지고 있습니다. 전통적인 제조업의 경우 원자재 조달-부품 제조-완제품 조립-유통의 선형적 밸류체인을 이뤄왔다면, 4차 산업혁명 시대에는 설계-생산-판매-서비스 전 과정이 플랫폼을 통해 유기적으로 연결되는 협력적 네트워크 체제로 전환되고 있습니다. 앞써 소개한 독일의 지멘스, 미국의 GE 등 선도 기업들은 IoT 플랫폼을 기반으로 협력사들과 실시간 정보를 공유하고, 공동 혁신을 추진하며 새로운 산업 생태계를 구축해 나가고 있습니다. 한편 4차 산업혁명은 서비스 분야에서도 새로운 비즈니스 모델을 창출하고 있습니다. 대표적으로 공유경제와 온디맨드 경제의 확산을 들 수 있습니다. 공유경제(Sharing Economy)란 개인이 소유한 자원을 타인과 공유함으로써 새로운 가치를 창출하는 경제 모델로, 에어비앤비(Airbnb), 우버(Uber) 등이 대표 주자입니다. 숙박공유 플랫폼 에어비앤비의 경우 650만 개 이상의 숙소 정보를 보유하고 있으며, 차량공유 서비스 우버는 전 세계 900여 개 도시에서 수천만 명의 이용자를 확보하고 있습니다. 이들은 유휴자원을 효율적으로 활용함으로써 새로운 수익을 창출하는 동시에 소비자에게는 저렴하고 편리한 서비스를 제공하고 있습니다.

공유경제(Sharing Economy)란?

물건이나 공간, 서비스 등을 소유의 개념이 아닌 서로 대여해 주고 나누어 사용하는 공동소비의 개념인 새로운 '사회적 경제 모델' 을 의미

온디맨드 경제(On-Demand Economy) 역시 빠르게 성장하고 있습니다. 온디맨드 경제란 소비자의 요청에 따라 즉시 제품이나 서비스를 제공하는 비즈니스 모델로 넷플릭스(Netflix), 배달의민족 등이 대표적입니다. 소비자 개개인의 선호와 상황에 최적화된 맞춤형 서비스 제공이 가능해진 만큼, 온디맨드 방식은 유통,

음식배달, 모빌리티는 물론 교육, 의료 등 다양한 분야로 확산되고 있습니다.

온디맨드경제(On Demand Economy)란?

생산자가 제품 등을 만들어 판매하는 것이 아니라,
물건이나 공간, 서비스 등을 고객의 수요에 따라
고객의 시간과 공간에 맞게 즉각 서비스 해 주는 사회적 경제 모델

온라인과 오프라인을 결합한 O2O(Online to Offline) 비즈니스도 주목할 만합니다. 기존에는 온라인 주문, 오프라인 수령이 일반적이었다면, 최근에는 오프라인 매장에서 상품을 체험하고 온라인으로 주문하거나, AR/VR 기술을 활용해 온라인에서 오프라인을 경험하는 등 다양한 형태의 O2O 서비스가 등장하고 있습니다. 아마존은 '아마존 고(Amazon Go)'라는 무인 매장을 통해, 알리바바는 '헤마(Hema)' 신선식품 매장을 통해 온-오프라인 융합을 선도하고 있습니다.

O2O(Online to Offline)

온라인과 오프라인 시장을 유기적으로 융합하여
고객에게 편리한 최적의 서비스를 제공하는
온/오프라인 연계 비즈니스의 총칭

상품의 구매 : 온라인

실제 서비스 : 오프라인

플랫폼 비즈니스의 부상도 4차 산업혁명이 가져온 중요한 변화입니다. 플랫폼이란 재화와 서비스의 공급자와 소비자를 연결해 주는 온라인 공간을 의미하는데, 네트워크 효과를 통해 시장을 선점하고 독점적 지위를 확보하는 것이 특징입니다. 구글, 애플, 페이스북, 아마존으로 대표되는 빅테크 기업들은 막강한 플랫폼 파워를 바탕으로 산업 지형을 좌우하는 게임 체인저로 자리매김했습니다.

종합하면 초연결, 초지능 기술을 기반으로 한 4차 산업혁명은 기존 산업의 틀을 근본적으로 바꿔놓고 있습니다. 전통적인 제조업은 스마트팩토리를 통해 지능형 생산체제로 전환 중이며, 서비스업에서는 공유경제, 온디맨드 경제, O2O 등 새로운 비즈니스 모델이 등장하고 있습니다. 여기에 데이터 기반의 플랫폼 비즈니스가 부상하며 산업 지형 자체를 재편하고 있습니다. 기업들에게는 위기이자 기회의 시대인 만큼, 기민한 혁신 노력이 그 어느 때보다 중요해졌다고 할 수 있습니다.

1.5. 노동의 미래 : 일자리 지형도의 재편

4차 산업혁명은 고용 측면에서도 상당한 영향을 미칠 것으로 예상됩니다. 2023년 세계경제포럼의 '일의 미래(Future of Jobs)' 보고서에 따르면, AI와 기술혁신으로 2023년부터 2027년까지 5년간 6,900만개의 새로운 일자리가 창출되고 8,300만개의 일자리가 소멸될 것으로 전망되는데, 이는 현재 전세계 고용의 2%에 해당하는 약 1,400만개의 순 일자리 소멸을 의미합니다.

실제로 단순 반복적인 업무를 중심으로 자동화가 빠르게 진행되며 기존 일자리가 위협받고 있습니다. 인공지능 언어모델 Chat-GPT의 등장으로 작가, 기자,

프로그래머 등 창의적 영역에서도 일자리 대체 우려가 제기되고 있습니다. 반면 빅데이터 전문가, IoT 개발자, 3D 프린팅 엔지니어 등 신기술 인력에 대한 수요는 크게 늘고있는 상황입니다.

이처럼 4차 산업혁명은 일자리 양극화 현상을 심화시킬 가능성이 높습니다. 자동화에 취약한 저숙련 일자리는 점진적으로 감소하는 한편, 신기술 분야의 고숙련 일자리는 증가하는 추세가 이어질 전망입니다. 또한 비정형 업무의 비중이 늘어나고 프리랜서, 계약직 등 유연한 고용형태가 확산되며 전통적인 고용관계도 변화하고 있습니다.

맥킨지의 연구에 따르면 2030년까지 전 세계 8억 개의 일자리(현재의 1/5 수준)가 자동화 대체 가능성이 있으며, 이 중 최대 3억 7,500만 개가 직접적인 영향권이라고 합니다. 특히 제조, 소매, 운송 등 노동집약적 분야의 타격이 클 것으로 보이는데, 예컨대 미국에서는 운송 및 물류 종사자의 절반 이상이 향후 10-20년 내 일자리를 잃을 수 있다는 분석도 나옵니다.

전문직도 예외는 아닙니다. [6]JP모건체이스(JPMorgan Chase)는 변호사들이 수행하던 금융 관련 계약서 검토 업무를 인공지능 소프트웨어로 대체해 연간 36만 시간의 노동력을 절감한 것으로 알려졌습니다. 의료계에서도 IBM 왓슨(Watson)을 비롯한 인공지능 기술이 영상판독, 질병진단 등에 활용되며 의사의 역할 변화가 불가피해질 전망입니다.

물론 역사적으로 산업혁명은 기존 일자리를 없애는 동시에 새로운 일자리를

6) JP모건체이스(JPMorgan Chase & Co.)는 미국의 대표적인 글로벌 금융 서비스 기업으로, 세계 최대 규모의 은행 중 하나이다.

만들어내는 창조적 파괴의 과정이기도 했습니다. 증기기관의 발명으로 마부의 일자리가 사라졌지만, 운전사와 정비사 일자리가 새롭게 창출된 것이 대표적 사례입니다. 4차 산업혁명 역시 단기적 일자리 충격에도 불구하고, 장기적으로는 기술혁신에 따른 생산성 향상과 새로운 일자리 창출이 가능할 것이라는 견해도 있습니다.

다만 과거 산업혁명이 주로 육체노동을 기계가 대신한 데 비해, 4차 산업혁명은 인간의 인지 능력마저 기계가 대체하는 상황이 전개되고 있어 그 파급력은 이전과 다를 것으로 보입니다. 무엇보다 기술 발전의 속도가 새로운 일자리 창출 속도를 앞지르고 있는 만큼, 일자리 부족 문제에 선제적으로 대응하기 위한 정책적 노력이 필요한 시점입니다.

일자리 문제 해법의 실마리는 교육에서 찾을 수 있을 것 같습니다. 4차 산업혁명 시대를 살아갈 미래 인재에게는 신기술에 대한 이해, 데이터 분석력 등 디지털 역량 외에도 문제해결력, 창의력, 감성지능, 협업능력 등 인간만이 가진 고유한 능력이 더욱 중요해질 전망입니다. 따라서 암기 위주의 주입식 교육에서 벗어나 창의성과 융합적 사고력을 기를 수 있는 미래형 교육으로의 전환이 시급합니다.

또한 평생직장 개념이 사라지고 잦은 일자리 이동이 불가피해진 만큼, 직업훈련, 재교육 등을 통해 근로자들의 지속적인 역량 개발을 뒷받침하는 것도 중요합니다. 이를 위해 평생교육과 고등평생교육을 제공하기 위한 체계를 강화할 필요가 있습니다. 나아가 사회안전망 강화, 고용보험 확대, 기본소득 도입 등을 통해 기술 혁신의 과실이 특정 계층에 집중되지 않도록 분배 체계를 정비하는 노력도 병행되어야 할 것입니다.

1.6. 교육의 혁신 : 미래 인재 양성을 위한 새로운 접근

4차 산업혁명은 미래 교육의 방향성에 대해서도 근본적인 고민을 요구하고 있습니다. 지식 전달 중심의 주입식 교육으로는 급변하는 미래사회를 살아갈 인재를 양성하는 데 한계가 있기 때문입니다. 주요 선진국들은 이미 4차 산업혁명에 대응한 교육체제 개편에 착수한 상태입니다.

세계경제포럼이 2016년 제시한 '21세기 교육을 위한 새로운 비전(New Vision for Education: Fostering Social and Emotional Learning through Technology)'에서는 미래 사회의 필수역량으로 문해력, 수리력과 함께 비판적 사고(Critical thinking), 창의력(Creativity), 의사소통(Communication), 협업(Collaboration) 등 4C 역량을 제시했습니다. 아울러 리더십, 사회문화적 인식, 적응력, 주도성 등의 자질도 강조되고 있습니다.

유럽연합의 경우, 2006년 '유럽의회와 이사회 권고(The Recommendation of the European Parliament and of the Council)'를 통해 평생학습을 위한 8가지 핵심 역량을 제시했습니다. 이는 모국어로의 의사소통, 외국어로의 의사소통, 수학적 역량 및 과학 기술의 기본 역량, 디지털 역량, 학습하는 법의 학습, 사회 및 시민 역량, 진취성과 기업가 정신, 문화적 인식과 표현을 포함합니다.

2018년에는 이를 업데이트하여 새로운 8가지 핵심 역량을 제시했습니다. 이는 읽기와 쓰기 역량, 다국어 역량, 수학 역량과 과학, 기술, 공학 역량, 디지털 역량, 개인, 사회 및 학습 역량, 시민 역량, 기업가 역량, 문화적 인식과 표현 역량을 포함합니다. 이 업데이트에서는 기존의 역량들을 재구성하고 일부 용어를 변경했으며, '개인, 사회 및 학습 역량'에 자기주도적 학습의 개념이 포함되었습니다.

미국에서는 21세기 스킬 개발을 위한 주요 이니셔티브로 'P21(Partnership for 21st Century Learning)'이 2002년에 설립되었습니다. P21은 교육계, 기업계, 정부 기관 등 다양한 이해관계자들이 참여하는 광범위한 연합체입니다.

P21은 21세기에 필요한 핵심 역량을 정의하고 촉진하는 데 중점을 두고 있습니다. 이들이 개발한 프레임워크의 중심에는 '4C'로 알려진 핵심 역량이 있습니다. 비판적 사고(Critical thinking), 창의성(Creativity), 의사소통(Communication), 협력(Collaboration)입니다. 4C는 세계경제포럼에서도 동일하게 제시된 역량이라는 점에서 중요성을 확인할 수 있습니다. 이와 함께 정보 리터러시, 미디어 리터러시, ICT(정보통신기술) 리터러시 등도 중요한 21세기 스킬로 포함하고 있습니다.

P21은 이러한 21세기 스킬을 미국의 주요 학습 기준인 '공통핵심 주 기준(Common Core State Standards)'과 연계하는 노력을 지속적으로 펼쳐왔습니다. 이는 전통적인 교과 내용과 21세기에 필요한 역량을 통합적으로 교육하는 것을 목표로 합니다.

그 결과, 많은 주와 학교에서 21세기 스킬을 자신들의 교육과정과 교수법에 반영하고 있습니다. 이는 단순히 지식 습득을 넘어, 학생들이 빠르게 변화하는 사회와 직업 세계에서 성공적으로 기능할 수 있도록 준비시키는 것을 목표로 합니다.

P21의 노력은 미국 교육 시스템이 글로벌 경쟁력을 유지하고, 학생들이 미래 사회에 적응할 수 있도록 하는 데 중요한 역할을 하고 있습니다. 이러한 접근은 지

속적으로 진화하고 있으며, 교육 정책과 실천에 광범위하고 깊은 영향을 미치고 있습니다. 많은 교육기관들이 P21의 프레임워크를 채택하거나 참고하면서, 21세기 스킬은 미국 교육의 핵심적인 부분으로 자리잡아가고 있습니다.

싱가포르는 '21세기 역량 프레임워크(The 21st Century Competencies Framework)'를 통해 학생들의 전인적 발달을 목표로 하고 있습니다. 이 프레임워크는 크게 세 가지 범주로 구성되어 있습니다.

첫째, 핵심 가치 범주에는 존중, 책임, 정직, 배려, 회복력, 화합이 포함됩니다.

둘째, 사회적 및 정서적 역량 범주에서는 자기 인식, 자기 관리, 사회적 인식, 관계 관리, 책임 있는 의사결정을 강조합니다. 이 범주는 자신감, 자기규율, 회복탄력성, 적응력 등의 정의적 역량을 포함합니다.

셋째, 21세기 역량 범주에서는 시민 문해력, 글로벌 인식 및 문화간 기술, 비판적 및 창의적 사고, 의사소통, 협업 및 정보 기술 능력을 다룹니다.

이 프레임워크를 실제 교육 현장에서 구현하기 위해 싱가포르는 다양한 교수 학습 방법을 도입하고 있습니다. 여기에는 자기주도학습, 협력학습, ICT 기반 학습 등이 포함됩니다. 이러한 방법들은 학생들이 21세기에 필요한 역량을 효과적으로 개발할 수 있도록 지원하는 데 중점을 두고 있습니다.

싱가포르 교육부는 이 프레임워크를 지속적으로 검토하고 업데이트하여 변화하는 글로벌 환경에 학생들이 잘 대응할 수 있도록 노력하고 있습니다.

한편, 4차 산업혁명 시대에는 교육 방식 또한 지능정보기술을 활용한 혁신이 이루어질 전망입니다. 인공지능 기반의 맞춤형 학습, 가상현실 기반의 몰입형 학습 등이 대표적인 혁신 사례로 주목받고 있습니다.

이러한 흐름을 반영하여, 2021년 중국 온라인교육업체 브이아이피키드(VIP Kid)는 AI 튜터 '다미(Dami)'를 개발했습니다. 이 AI 튜터는 학생들에게 1:1 영어 교육 서비스를 제공하는 것을 목표로 했으며, 개인화된 학습 경험을 제공하는 데 중점을 두었습니다. 다만, 중국의 교육 정책 변화로 인해 VIP Kid를 비롯한 많은 온라인 교육 기업들이 사업모델을 조정해야 했습니다.

이러한 사례는 교육 기술의 발전 가능성을 보여주는 동시에, 기술 혁신이 정책 및 사회적 맥락과 조화를 이루며 발전해야 함을 시사합니다. 앞으로 AI, VR 등의 기술은 교육 분야에서 더욱 중요한 역할을 할 것으로 예상되며, 이를 통해 더욱 개인화되고 효과적인 학습 경험을 제공할 수 있을 것으로 기대됩니다.

AR/VR 기술을 활용한 체험형 교육도 확산되고 있습니다. 가상현실 기술은 실험, 실습이 어려운 상황에서 현실적인 학습경험을 제공함으로써 학습 효과를 높이고, 시공간의 제약을 뛰어넘는 역동적 교육을 가능하게 합니다. 특히 의학, 공학 등 고위험, 고비용 분야의 훈련에 활발히 도입되고 있습니다.

에듀테크(EduTech)의 성장도 주목할 만합니다. 미국의 유다시티(Udacity)와 코세라(Coursera) 등은 인공지능, 데이터 과학 등 첨단 분야의 온라인 강좌를 제공하며 성인 학습자들의 호응을 얻고 있습니다. 이들 기업은 대학 및 기업과 협력하여 고품질의 교육 콘텐츠를 제공하고, 학습자들에게 실용적인 기술을 습득할 기회를 제공하고 있습니다.

중국의 경우도 에듀테크 기업들의 성장이 두드러집니다. 여러 기업들이 AI 챗봇을 활용한 1:1 맞춤형 교육 서비스를 제공하며 급성장하고 있습니다. 예를 들어, 화홍교육(Huajiang Education)의 리우리 잉어(Liulishuo)는 AI 기반의 영어 학습 앱을 제공하고 있으며, 쥐에커(VIPKID)는 온라인 영어 교육 플랫폼을 운영하고 있습니다.

이러한 에듀테크 기업들의 성장은 교육의 개인화와 접근성 향상에 기여하고 있습니다. 그들은 첨단 기술을 활용하여 학습자의 수요에 맞는 효과적인 학습 경험을 제공하며, 전통적인 교육 시스템을 보완하고 있습니다. 향후 이러한 트렌드는 더욱 가속화될 것으로 전망됩니다.

나아가 블록체인 기술을 활용한 학습이력 관리, 학위 인증 등도 확산될 전망입니다. MIT 미디어랩은 블록체인 기반 학위 인증 시스템 '블록서트(Blockcerts)'를 개발해 학위 위변조 문제 해결에 나섰습니다. 소니도 블록체인 기반 교육 플랫폼을 구축, 개인의 학습 이력을 투명하게 관리하고 교육 콘텐츠 개발자에 대한 공정한 보상이 이뤄지도록 했습니다.

이처럼 디지털 전환 시대의 교육은 창의적 문제해결력, 융합적 사고력 등의 미래역량 함양에 주안점을 두는 한편, 지능정보기술을 활용해 개인 맞춤형, 체험 중심의 교육으로 전환될 것으로 보입니다. 교육계는 이러한 미래 인재상과 혁신 기술을 고려해 교육과정과 방법, 평가 등 교육체제 전반을 혁신해 나가야 할 것입니다.

1.7. 4차 산업혁명의 과제와 전망 : 기회와 도전의 공존

4차 산업혁명은 인류에게 기회와 도전을 동시에 안겨주고 있습니다. 기술 발전으로 우리 삶은 더욱 편리하고 풍요로워질 것입니다. 그러나 일자리 감소, 프라이버시 침해, 양극화 심화 등의 사회적 문제도 심각해질 수 있습니다. 또한, 환경과 지속가능성에 미치는 영향도 중요한 고려사항입니다. 중요한 것은 이러한 변화에 어떻게 대응하느냐 하는 것입니다.

기업은 혁신을 통해 새로운 성장동력을 발굴하고, 일하는 방식의 변화에 적응해야 합니다. 정부는 혁신 친화적 제도를 마련하고 포용적 일자리 정책을 추진해야 합니다. 교육계는 창의융합형 인재를 길러내는 미래 교육으로 전환해야 합니다. 무엇보다 개개인이 평생학습을 통해 신기술을 체득하고 변화에 유연하게 적응하는 자세가 필요합니다.

더불어, 국제사회의 협력도 중요합니다. 기술 표준화, 데이터 공유, 글로벌 규제 등의 문제는 한 국가의 노력만으로는 해결하기 어렵습니다. 또한, AI 윤리, 데이터 윤리 등 새로운 기술이 제기하는 윤리적 문제에 대해서도 깊이 있는 논의와 합의가 필요합니다.

결국 4차 산업혁명의 열쇠는 '사람'입니다. 기술의 눈부신 발전에도 불구하고 그 중심에는 여전히 인간이 있습니다. 우리가 어떤 가치관을 가지고 기술을 어떻게 활용하고 공유하느냐에 따라 4차 산업혁명의 방향과 속도, 모습이 결정될 것입니다.

인간을 위한, 인간에 의한, 인간의 혁명. 그러나 동시에 환경과 지속가능성을 고려하는 책임 있는 혁명. 그리고 국제사회가 협력하여 윤리적 기준을 세우고 함께 나아가는 포용적인 혁명. 이것이 4차 산업혁명을 바라보는 우리의 자세가 되어야 할 것 같습니다. 우리가 이러한 균형 잡힌 시각을 가지고 적극적으로 대응한다면, 4차 산업혁명은 인류 발전의 새로운 이정표가 될 수 있을 것입니다.

2. 디지털트랜스포메이션 : 디지털 혁신의 시대

2. 디지털트랜스포메이션 : 디지털 혁신의 시대

2.1. 디지털트랜스포메이션(DT)의 본질 : 디지털로.. 디지털로..

이번장에서는 범위를 좁혀서 비즈니스와 기업 차원에서의 디지털트랜스포메이션에 대해서 알아보겠습니다. 디지털트랜스포메이션(DT:Digital Transformation)은 4차 산업혁명의 핵심적인 특징이자 대표적인 전개형태라고 할 수 있습니다. DT란 무엇일까요?

간단히 말해, 디지털 기술을 활용해 기업의 모든 활동을 근본적으로 변화시키는 것을 의미합니다. 하지만 이는 단순히 기술을 도입하는 것 이상의 의미를 갖습니다. DT는 비즈니스 모델, 운영 프로세스, 고객 경험, 조직문화 등 기업 활동 전반을 디지털 중심으로 혁신하는 과정입니다.

세계적인 컨설팅 기업 맥킨지는 DT를 이렇게 정의했습니다. "단순히 최신 디지털 기술을 도입하는 것이 아니라, 이를 통해 기업의 효율을 극대화하고 고객과의 관계를 재정립하며 내부 운영을 간소화하는 지속적인 과정"이라고 말이죠. 이 정의에서 우리는 DT의 본질이 기술 그 자체가 아니라 고객 중심적 사고, 데이터 기반 의사결정, 유연하고 빠른 조직 운영 등 기업문화와 경영 패러다임의 변화에 있다는 점을 알 수 있습니다.

그렇다면 왜 지금 DT가 이토록 중요한 이슈가 되었을까요? 그 배경에는 지난 20여 년간의 급격한 디지털 기술 발전이 있습니다. 이러한 기술의 기하급수적 발전 덕분에 오늘날 우리가 주머니에 넣고 다니는 스마트폰은 과거의 대형 컴퓨터보다 훨씬 뛰어난 연산능력을 가지게 되었습니다.

여기에 모바일, 클라우드, 빅데이터, 인공지능(AI) 등으로 대표되는 지능정보기술이 급속도로 발전하며 전통적 산업의 운영방식을 근본적으로 바꿔놓고 있습니다.

예를 들어, 제조업에서는 사물인터넷(IoT)과 빅데이터 분석을 통한 스마트팩토리 구축이 한창이고, 유통업에서는 온라인과 오프라인의 경계를 허무는 옴니채널 서비스가 대세로 자리 잡았습니다. 이처럼 산업 지형이 디지털 중심으로 재편되는 상황에서, 기업들에게 DT를 통한 경쟁력 제고는 선택이 아닌 필수가 되었습니다.

더불어 고객들의 눈높이 역시 한층 높아졌습니다. [7]디지털네이티브(Digital Native) 세대로 불리는 MZ세대가 소비의 중심으로 부상하면서, 이들이 원하는 개인화되고 실시간으로 제공되는 서비스가 대세로 자리잡았습니다. 넷플릭스나 스포티파이 같은 구독형 서비스, 아마존이나 쿠팡으로 대표되는 이커머스 기업들은 빅데이터와 AI를 활용한 맞춤형 추천과 빠른 배송으로 고객들의 마음을 사로잡고 있죠. 이러한 트렌드에 발맞추기 위해 전통 기업들 역시 고객 경험 혁신과 비즈니스 민첩성 제고를 위한 DT에 박차를 가하고 있습니다.

특히 최근 코로나19 사태를 계기로 DT의 필요성은 더욱 커졌습니다. 비대면 소비의 일상화, 원격근무 확산 등으로 그야말로 '랜선 라이프'가 보편화되면서, 기업 존속을 위한 필수 과제로 DT가 부상한 것이죠. 기업들은 코로나19로 인한 위기를 DT 가속화의 기회로 삼아, 고객 접점의 디지털화, 데이터 기반 경영 고도화

7) 디지털 네이티브(Digital Native)는 디지털 기술이 이미 보편화된 환경에서 태어나고 자란 세대를 일컫는 용어이다.

등에 더욱 박차를 가하고 있습니다.

시장조사기관 IDC가 2023년 10월 발표한 "전 세계 디지털 전환 지출 가이드(Worldwide Digital Transformation Spending Guide)"에 따르면, 2026년 전 세계 DT 관련 지출이 약 3조 4천억 달러로 증가할 것으로 전망되었습니다. 2023년부터 2026년까지의 연평균 성장률(CAGR)은 16.1%로 예상되는데, 이는 DT에 대한 기업들의 투자가 지속적으로 확대되고 있음을 보여줍니다.

이러한 대규모 투자 전망은 기업들이 DT를 미래 성장의 핵심 동력으로 인식하고 있으며, 이에 얼마나 많은 자원을 투입하고 있는지를 여실히 보여주는 대목입니다. 주요 투자 분야로는 AI/머신러닝, 로보틱스, 클라우드, 데이터 분석 등이 언급되고 있어, 이러한 기술들이 향후 비즈니스 혁신을 주도할 것으로 예상됩니다.

2.2. DT가 바꾸는 산업지형 : DT의 힘

이제 DT를 단순히 기술 도입의 관점에서 바라보기에는 그 파급력이 너무나 크다는 점을 이해하셨을 겁니다. 실제로 디지털 혁명은 비즈니스 패러다임을 근본적으로 바꿔놓고 있습니다. 과거 증기기관과 전기에너지가 산업혁명을 이끌었다면, 21세기형 산업혁명의 원동력은 단연 디지털 기술이라고 할 수 있습니다.

디지털 기술은 과거 물리적 기술과는 확연히 다른 발전 궤적을 보입니다. 가장 큰 차이는 그 발전 속도에 있습니다. 무어의 법칙이 상징하듯, 디지털 기술의 발전은 기하급수적으로 이뤄져 왔습니다. 출시되었을 때 혁신적인 제품으로 각광받았던 제품이 10년만 지나도 구시대의 유물로 치부되는 IT 세계에서, 기업이 생존하기 위해서는 변화의 속도를 따라잡는 게 무엇보다 중요합니다.

이러한 급속한 기술 발전의 사례는 우리 주변에서 쉽게 찾아볼 수 있습니다. 예를 들어, 2007년 출시되어 스마트폰 시대를 연 1세대 아이폰은 현재의 기준으로 보면 매우 제한적인 기능을 가진 구식 기기로 여겨집니다. 불과 15년 만에 스마트폰의 성능과 기능은 [8]온디바이스 AI(On-Device AI) 시대로 접어들 만큼 비약적으로 발전했죠.

또 다른 예로, 2010년대 초반 큰 인기를 끌었던 넷북(Netbook)을 들 수 있습니다. 가볍고 휴대성이 좋아 주목받았지만, 태블릿과 고성능 노트북의 등장으로 불과 몇 년 만에 시장에서 사라졌습니다.

음악 산업에서도 이러한 변화를 볼 수 있습니다. 1990년대 후반 혁신적이었던 MP3 플레이어는 스마트폰의 등장으로 10년도 채 되지 않아 시장에서 밀려났습니다. 아이팟과 같은 전용 음악 재생 기기들도 스트리밍 서비스의 발달로 빠르게 그 자리를 내주었죠.

이처럼 디지털 기술의 세계에서는 불과 몇 년 전의 혁신적인 제품도 순식간에 구시대의 유물이 될 수 있습니다. 이는 기업들에게 지속적인 혁신과 빠른 적응력이 생존을 위한 필수 요소임을 보여줍니다.

두 번째는 기술 융합과 파괴력입니다. 디지털 기술은 클라우드, 빅데이터, AI, IoT 등이 유기적으로 결합되어 시너지를 발휘합니다. 이러한 기술 융복합은 기존 산업의 경계를 무너뜨리고 새로운 시장을 창출하는 파괴적 혁신으로 이어집니다.

---

8) 온디바이스 AI(On-Device AI)는 클라우드나 서버가 아닌, 스마트폰, 태블릿, 스마트워치 등과 같은 사용자의 디바이스 자체에서 AI(인공지능) 기능을 수행하는 기술을 말한다.

이른바 '디지털 디스럽션(Digital Disruption)'인데요.

대표적인 사례로 넷플릭스와 스포티파이를 들 수 있습니다. 넷플릭스는 스트리밍 기술과 빅데이터 분석을 결합하여 전통적인 TV 방송과 영화 산업을 혁신했습니다. 개인화된 콘텐츠 추천과 오리지널 콘텐츠 제작으로 시청자들의 콘텐츠 소비 방식을 근본적으로 변화시켰죠.

스포티파이는 음원 스트리밍 서비스로 음악 산업을 뒤흔들었습니다. AI 기반의 개인화된 플레이리스트 추천, 아티스트와 팬을 직접 연결하는 플랫폼 기능 등으로 음악 소비와 유통 방식을 혁신했습니다. 이들 기업은 각각 엔터테인먼트와 음악 산업의 기존 질서를 근본적으로 변화시키며 새로운 비즈니스 모델을 성공적으로 정립했습니다.

이러한 디지털 디스럽션은 단순히 기존 서비스를 디지털화하는 것을 넘어, 산업의 근본적인 구조와 가치사슬을 재편하고 있습니다. 이는 소비자들에게 더 나은 경험과 가치를 제공하는 동시에, 기존 기업들에게는 혁신의 압력으로 작용하고 있죠.

세 번째는 승자독식 구조입니다. [9]네트워크 효과(network effect)로 대변되는 디지털 경제의 특성상, 시장을 선점한 기업이 독점적 지위를 누리는 경향이 강합니다. 구글, 애플, 페이스북(메타), 아마존 등 미국의 빅테크 기업들이 전 세계 플랫폼 시장의 절대강자로 군림하고 있는 이유입니다. 바야흐로 디지털 기술을 기반으로 한 새로운 승자의 법칙이 자리 잡은 것이죠.

---

9) 네트워크 효과(Network Effect)는 제품이나 서비스의 가치가 사용자가 많아질수록 증가하는 현상을 말하며, 이에따라 일반적으로 초기 시장 진입자에게 유리하게 작용한다.

이러한 승자독식 구조는 여러 산업 분야에서 뚜렷하게 나타나고 있습니다. 검색 엔진 시장에서 구글의 지배력은 압도적입니다. 2023년 기준으로 전 세계 검색 엔진 시장의 약 90%를 구글이 점유하고 있으며, 이는 20년 넘게 지속되고 있는 현상입니다. 소셜 미디어 분야에서는 페이스북(현 메타)이 전 세계 약 30억 명의 월간 활성 사용자를 보유하고 있으며, 인스타그램, 왓츠앱 등의 인수를 통해 그 영향력을 더욱 확대했습니다. 전자상거래 분야에서는 아마존이 미국 시장의 약 40%를 점유하며, 방대한 상품 카테고리와 효율적인 물류 시스템으로 경쟁사들과의 격차를 벌리고 있습니다.

〈검색 시장에서의 구글의 점유율〉

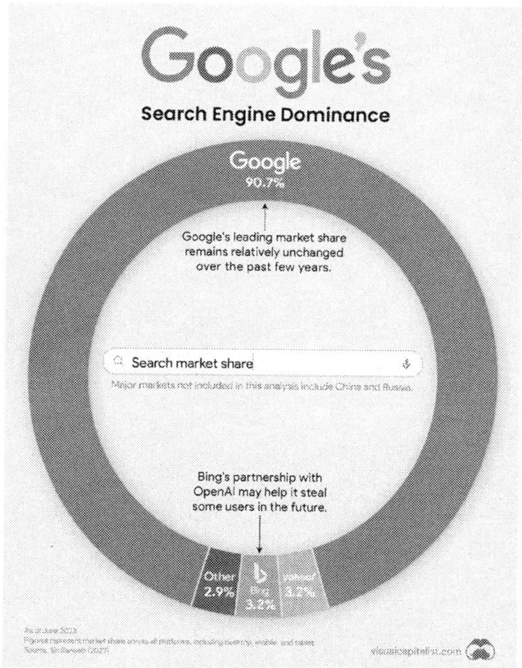

〈출처 : visualcapitalist.com〉

동영상 스트리밍 플랫폼 시장에서 유튜브의 독보적인 위치도 이러한 승자독식 구조를 잘 보여줍니다. 2023년 기준으로 유튜브의 월간 활성 사용자 수는 25억 명을 넘어섰으며, 전 세계 온라인 동영상 시청 시간의 약 70%를 차지하고 있습니다. 유튜브의 성공은 네트워크 효과와 데이터 기반의 개인화 추천 시스템에 크게 기인하며, 이는 새로운 경쟁자들의 시장 진입을 어렵게 만듭니다.

이러한 승자독식 구조는 기업들에게 새로운 도전 과제를 제시합니다. 시장 진입 장벽이 높아지면서, 신생 기업들은 기존 거대 기업들과의 경쟁에서 살아남기 위해 더욱 혁신적이고 차별화된 서비스를 제공해야 합니다. 예를 들어, 중국의 틱톡은 짧은 동영상이라는 새로운 포맷과 강력한 AI 기반 추천 알고리즘을 통해 기존의 소셜 미디어 거인들에 도전장을 내밀었고, 글로벌 시장에서 상당한 성공을 거두었습니다.

이처럼 디지털 혁명은 산업 생태계를 송두리째 바꿔 놓으며, 기업들에게는 위기와 기회를 동시에 안겨주고 있습니다. 실제로 최근 십 수년간 시가총액 상위권의 지각변동이 극적으로 일어났는데요. 2009년만 해도 석유기업 엑슨모빌이 1위를 지키고 있었고 금융과 유통 등 소위 말하는 3차 산업이 글로벌 시총의 상위권을 장악하고 있었습니다. IT기업은 마이크로소프트가 7위로 10위권 내에 유일하게 포함되어 있는 수준이었죠. 그러나 2023년 기준 상위 10위권 내에는 애플, 마이크로소프트, 구글, 아마존, 엔비디아, 메타, TSMC등 ICT기업들이 장악하고 있습니다. 사우디 아람코가 석유기업으로 포함되어 있지만 사실상 사우디의 국영기업이라는 특수성을 고려해야 하고, 이를 제외하고는 버크셔해서웨이가 투자회사로 유일하게 포함되어 있으나 버크셔헤거웨이의 투자 포트폴리오 중 빅테크가 큰 비중을 차지할 것이라는 점을 고려하면 ICT기업들이 글로벌 시가총액 시장을 독식하고 있다고 봐도 과언이 아닐 것입니다.

〈글로벌 시가총액 순위〉

시총순위	2009	2023
1	엑슨모빌 (ExxonMobil)	애플 (Apple)
2	월마트 (Walmart)	마이크로소프트 (Microsoft)
3	차이나 모바일 (China Mobile)	사우디 아람코 (Saudi Aramco)
4	중국 공산은행 (ICBC)	알파넷(구글) (Alphabet Inc. -Google)
5	GE (General Electric)	아마존 (Amazon)
6	P&G (Procter & Gamble)	엔비디아 (NVIDIA)
7	마이크로소프트 (Microsoft)	테슬라 (Tesla, Inc.)
8	폭스바겐 (Volkswagen)	버크셔헤서웨이 (Berkshire Hathaway)
9	로열 더치 쉘 (Royal Dutch Shell)	메타(페이스북) (Meta Platforms, Inc.)
10	페트로 차이나 PetroChina	TSMC (Taiwan Semiconductor Manufacturing Company)

〈출처 : companiesmarketcap〉

이들 빅테크 기업들은 플랫폼 기반의 독보적 시장지배력을 바탕으로 전통산업으로의 영역 확장을 거듭하고 있는데요. 애플은 애플페이, 애플카드 등으로 금융 시장에 진출했고, 애플워치를 통해 헬스케어 시장에 발을 들였습니다. 아마존은 온라인 유통을 넘어 AWS(Amazon Web Services)로 클라우드 시장의 최강자로 발돋움했으며, 2017년 홀푸드마켓 인수를 통해 오프라인 유통 시장에도 진출했습니다. 구글의 모회사 알파벳은 자회사 웨이모(Waymo)를 통해 자율주행차 기술 개발에 박차를 가하며 운송 및 물류 산업에 도전하고 있습니다.

이는 디지털 기술을 발 빠르게 도입하고 새로운 성장동력을 발굴하지 않으면, 시장에서 도태되는 '디지털 다윈이즘(Digital Darwinism)' 시대가 도래했음을 의미합니다. 실제로 코닥(Kodak), 노키아(Nokia), 블랙베리(BlackBerry)처럼 한때 시장을 호령하던 기업들이 디지털 전환에 실패하며 몰락한 사례는 이미 익히 알려져 있습니다. 빠르게 변화하는 기술 트렌드를 따라잡고 새로운 고객가치를 창출하기 위한 민첩하고 적극적인 DT 전략이 기업의 생존을 좌우하는 핵심 경쟁력으로 떠오른 것입니다.

2.3. DT시대의 비즈니스 환경 : 새로운 기회와 도전

그렇다면 디지털 혁명의 시대, DT는 구체적으로 어떤 변화를 일으키고 있을까요? 크게 4가지 관점에서 산업 생태계와 비즈니스 문법의 변화를 살펴보겠습니다.

첫째, 제품과 서비스의 디지털화입니다. 사물인터넷, AI, 클라우드 기술의 발달로 기존의 아날로그 제품과 서비스가 디지털로 전환되고 있습니다. 스마트폰, 스마트 TV, 스마트 스피커 등에서 보듯, 제품 자체에 연결성과 지능이 내재되는 것이죠. 나아가 디지털 기술 자체가 제품과 서비스의 핵심이 되는 흐름도 뚜렷합니다.

예를 들어, 테슬라는 전기차를 일종의 주행하는 컴퓨터, 즉 '컴퓨터 온 휠즈(Computer on Wheels)'로 정의하고, 자체 개발한 자율주행 기술과 소프트웨어 역량을 내세워 차별화를 꾀하고 있습니다. 애플이 직접 AP(Application Processor)를 개발해 아이폰에 탑재하는 것도 모바일 AP의 성능이 스마트폰 경쟁력을 좌우한다는 판단에서입니다.

이러한 변화는 제조업의 입지가 크게 좁아지고 있음을 의미합니다. 맥킨지의 2019년 보고서에 따르면, 자동차 가치에서 전자장치와 소프트웨어가 차지하는 비중은 1970년대 약 5%에 불과했지만 2019년에는 40%까지 증가했으며, 2030년에는 50%에 이를 것으로 전망됩니다. 이는 자동차의 경쟁력 중 절반이 디지털 기술에 달려 있다는 뜻이며, 전자제품으로 불러도 무리가 없을 정도입니다. 이처럼 IT 역량을 기반으로 새로운 시장 기회를 모색하는 디지털 네이티브 기업들의 부상은 전통 제조, 서비스 기업들의 대응을 재촉하는 계기가 되고 있습니다.

둘째, 제조와 서비스의 융합입니다. 제품의 디지털화가 진전되면서, 제조업과 서비스업의 경계가 모호해지는 이른바 '서비스형 제조(Servitization)'가 확산되고 있습니다. 과거에는 제품을 개발하고 생산하는 데만 주력했다면, 이제는 데이터 기반의 부가 서비스 제공이 차별화의 핵심이 되고 있는 것이죠.

대표적인 사례가 GE의 '디지털 트윈(Digital Twin)' 전략입니다. 디지털 트윈이란 제품 설계 단계에서부터 가상 시뮬레이션 모델을 만들고, 실제 가동 과정에서 발생하는 데이터를 실시간으로 수집, 분석해 유지보수와 성능 최적화에 활용하는 것을 의미합니다. GE(General Electric)는 디지털 트윈 기술을 풍력발전기, 항공기 엔진 등에 적용해 고장을 사전에 예측하고 실시간 모니터링을 제공함으로써, 단순 제조를 넘어 통합 솔루션 기업으로 거듭나고 있습니다.

이러한 서비스형 제조의 또 다른 주목할 만한 사례로 롤스로이스(Rolls-Royce)의 '파워 바이 더 아워(Power by the Hour)' 서비스를 들 수 있습니다. 이 서비스는 항공기 엔진을 판매하는 대신, 엔진의 실제 사용 시간에 따라 요금을 부과하는 모델입니다. 롤스로이스는 IoT 센서와 빅데이터 분석을 활용해 엔진의 상태를 실시간으로 모니터링하고, 예측 유지보수를 제공함으로써 항공사의 운영 효율성을 크게 향상시켰습니다.

또한, 네덜란드의 조명기업 필립스(Philips)는 '라이팅 애즈 어 서비스(Lighting as a Service)' 모델을 도입했습니다. 이 모델에서 필립스는 고객에게 조명 설비를 판매하는 대신, 조명 서비스를 제공합니다. 스마트 조명 시스템과 센서를 통해 에너지 사용을 최적화하고, 원격으로 조명을 관리함으로써 고객의 에너지 비용을 절감하고 환경 영향을 줄이는 데 기여하고 있습니다.

농기계 제조업체인 존디어(John Deere)도 서비스형 제조의 좋은 예입니다. 존디어는 트랙터와 같은 농기계에 IoT 센서와 GPS를 장착하여 '마이 존디어(My JohnDeere)' 플랫폼을 통해 실시간 데이터를 제공합니다. 농부들은 이 데이터를 바탕으로 작물 생산성을 높이고, 장비 유지보수를 최적화할 수 있게 되었습니다.

〈마이 존디어〉

〈출처 : John Deere 홈페이지〉

이러한 사례들은 제조업체들이 어떻게 디지털 기술을 활용하여 제품 중심에서 서비스 중심으로 비즈니스 모델을 전환하고 있는지를 잘 보여줍니다. 이를 통해 기업들은 지속적인 수익 창출, 고객 충성도 향상, 그리고 경쟁력 강화를 실현하고 있습니다. 서비스형 제조는 단순히 트렌드가 아닌, 디지털 시대의 제조업이 나아가야 할 필수적인 방향으로 자리잡고 있습니다.

셋째, 기업의 디지털 전환입니다. DT의 핵심은 디지털 기술을 활용해 비즈니스 운영 방식 전반을 혁신하는 데 있습니다. 단순히 기술 도입에 그치지 않고, 조직 구조와 프로세스, 일하는 방식에 이르기까지 전사적 혁신을 추진하는 것이 DT의 성공 열쇠라 할 수 있죠.

이를 위해서는 무엇보다 데이터 중심의 의사결정 체계 확립이 필수적입니다. 아마존은 고객 활동 데이터를 실시간 분석해 개인화된 상품을 추천하고, 넷플릭스는 시청 이력을 바탕으로 콘텐츠 제작 방향을 결정합니다. 데이터에 기반한 통찰과 실행이 기업 경쟁력의 원천이 되고 있는 것입니다.

또한 수직적 계층 구조에서 벗어나 유연하고 민첩한 조직으로의 전환도 이뤄지고 있습니다. 애자일(Agile), 데브옵스(DevOps) 등 빠른 실행과 피드백을 강조하는 개발 방법론이 확산되고 있습니다. 애자일은 신속하고 유연한 소프트웨어 개발을 위한 방법론으로, 작은 단위의 반복적인 개발과 지속적인 고객 피드백을 통해 변화에 빠르게 대응합니다. 데브옵스는 개발(Development)과 운영(Operations)을 통합해 소프트웨어 개발과 IT 운영 간의 소통, 협업, 통합을 강화하는 문화이자 방식입니다. 이를 통해 조직은 더 빠르고 안정적으로 소프트웨어를 개발하고 배포할 수 있게 됩니다.

이러한 방법론의 도입과 함께, 자율성과 창의성을 존중하는 수평적 조직문화가 자리 잡고 있습니다. 디지털 시대의 조직은 마치 살아있는 유기체와 같이, 빠르게 변화하는 환경에 유연하게 적응하고 지속적으로 혁신해 나갈 수 있어야 합니다. 이는 단순히 기술의 도입만으로는 달성할 수 없으며, 조직의 문화와 사고방식의 근본적인 변화를 수반합니다.

예를 들어, 스포티파이는 '스쿼드(Squad)'라 불리는 소규모 자율 팀 체제를 도입해 빠른 의사결정과 실행을 가능하게 했습니다. 각 스쿼드는 특정 기능이나 서비스에 대해 전적인 책임을 지며, 필요한 모든 기술과 역량을 갖춘 다기능 팀으로 구성됩니다. 이러한 조직 구조는 애자일과 데브옵스 철학을 실제 비즈니스 운영에 적용한 좋은 사례입니다.

이처럼 DT는 단순한 기술 혁신을 넘어, 기업의 운영 방식과 조직문화 전반에 걸친 총체적인 변화를 의미합니다. 이러한 변화를 성공적으로 이끌어내는 기업들이 디지털 시대의 새로운 승자로 부상하고 있습니다.

마지막으로 주목할 점은 플랫폼 경쟁력의 부상입니다. 디지털 시대의 비즈니스는 수많은 기업과 개인이 참여하는 개방형 생태계를 기반으로 합니다. 이러한 환경에서 플랫폼은 다양한 참여자들을 연결하고, 그들의 상호작용을 촉진하는 중요한 역할을 합니다.

애플의 앱스토어, 구글의 플레이스토어, 아마존의 마켓플레이스 등이 대표적인 플랫폼 비즈니스입니다. 이들 플랫폼은 수많은 개발자와 판매자들을 유인하고,

그들의 창의성이 발현될 수 있는 토대를 제공합니다. 플랫폼이 더 많은 참여자를 확보할수록 그 가치가 기하급수적으로 증가하는 네트워크 효과가 발생하며, 이는 플랫폼 비즈니스의 핵심 경쟁력이 됩니다.

이러한 개방형 생태계의 부상으로 인해, 전통적인 대기업들도 폐쇄적인 경영 방식에서 벗어나 개방과 협력을 추구하는 방향으로 전략을 전환하고 있습니다. 과거에는 모든 것을 자체적으로 해결하려 했다면, 이제는 외부의 혁신적인 아이디어와 기술을 적극적으로 받아들이고 협력하는 방식으로 변화하고 있는 것입니다.

예를 들어, 자동차 산업에서는 전통적인 경쟁 관계에 있던 기업들이 모빌리티 플랫폼 구축을 위해 협력하는 모습을 보여주었습니다. 벤츠와 BMW가 카셰어링 서비스 '쉐어나우(Share Now)'를 공동 출범한 것이 대표적인 사례입니다. 비록 이 서비스는 2022년 5월에 운영을 중단했지만, 이는 전통산업의 기업들이 플랫폼 경쟁에 대응하기 위해 어떻게 협력하는지를 보여주는 중요한 시도였습니다.

또한 금융 산업에서도 플랫폼의 중요성이 커지고 있습니다. 전통적인 은행들은 핀테크 기업들과 협력하거나 자체적인 디지털 플랫폼을 구축하여 고객들에게 더 나은 금융 서비스를 제공하려 노력하고 있습니다. 예를 들어, JP모건 체이스는 'In-Residence 프로그램'을 통해 핀테크 스타트업들과 협력하여 혁신적인 금융 서비스를 개발하고 있습니다.

이처럼 디지털 전환의 시대에는 경쟁의 단위가 개별 기업에서 플랫폼과 생태계로 확장되고 있습니다. 기업들은 자사의 역량만으로는 빠르게 변화하는 시장에 대응하기 어렵다는 것을 인식하고, 다양한 파트너들과의 협력을 통해 경쟁력을 확보하려 노력하고 있습니다.

하지만 플랫폼 비즈니스가 성장함에 따라 새로운 도전과제들도 등장하고 있습니다. 데이터 프라이버시 문제, 플랫폼의 독점적 지위 남용 우려, 그리고 이에 따른 규제 강화 등이 주요 이슈로 떠오르고 있습니다. 따라서 기업들은 플랫폼을 통한 혁신과 성장을 추구하면서도, 이러한 사회적 책임과 윤리적 문제에도 주의를 기울여야 합니다.

결론적으로, 플랫폼과 개방형 생태계의 부상은 기업들에게 새로운 기회와 도전을 동시에 제공하고 있습니다. 이제 기업의 성공은 단순히 자사의 제품이나 서비스의 품질뿐만 아니라, 얼마나 효과적으로 다양한 참여자들을 연결하고 가치를 창출할 수 있는 플랫폼을 구축하느냐에 달려 있습니다. 이는 모든 산업 분야에서 기업들이 고민해야 할 중요한 과제가 되고 있습니다.

이처럼 디지털 혁명은 기업들에게 근본적 혁신의 과제를 안겨주고 있습니다. 제품과 서비스의 디지털화, 제조와 서비스의 융합, 기업의 전면적인 디지털 전환(DT), 그리고 플랫폼 경쟁력의 부상 등 네 가지 주요 변화는 산업 생태계와 비즈니스 문법을 완전히 새롭게 정의하고 있습니다. 이러한 변화 속에서 기업의 생존과 성장은 디지털 전환(DT)을 얼마나 효과적으로 추진하느냐에 달려 있습니다.

특히 디지털 전환(DT)이 가속화된 현재, 기업들은 빠르게 변화하는 기술 환경에 적응하고 새로운 비즈니스 모델을 개발해야 하는 도전에 직면해 있습니다. 이는 단순히 기술 도입에 그치지 않고, 조직 문화와 업무 방식의 근본적인 혁신을 요구하고 있습니다. DT를 위한 과감한 투자와 실행력 제고가 그 어느 때보다 중요해진 것입니다.

불확실성이 높아진 현 시점에서, 디지털 기술을 활용해 위기를 기회로 전환하고 새로운 도약을 모색하는 기업들의 행보가 더욱 주목받고 있습니다. 이들 DT 선도 기업들은 개방형 생태계를 통한 협력, 데이터 기반의 의사결정, 유연한 조직구조 등을 통해 경쟁력을 확보하고 있습니다. 앞으로도 이러한 디지털 혁신의 흐름은 더욱 가속화될 것이며, 이에 효과적으로 대응하는 기업만이 미래의 승자로 자리매김할 수 있을 것입니다.

2.4. DT 시대의 인재상 : 디지털 역량과 적응력

이번에는 DT 시대를 이끌어갈 인재상에 대해 생각해 보겠습니다.

디지털 전환(DT)은 단순히 첨단기술을 도입하는 게 아니라, 조직 전반의 문화와 역량에 근본적 변화를 요구하는 혁신의 과정입니다. 이를 뒷받침하기 위해서는 새로운 시대에 걸맞는 인재를 육성하고 확보하는 것이 무엇보다 중요합니다.

먼저 디지털 리터러시가 강조되는 건 두말할 나위가 없습니다. [10]MZ세대(MZ Generation)들은 디지털네이티브(Digital Native)로 디지털 기기와 서비스를 자연스럽게 활용하며 자란 세대인 만큼, 이들이 가진 디지털 감수성과 활용역량은 DT의 원동력이 될 수 있습니다. 반면 [11]디지털 이미그란트(Digital Immigrant)인 기성세대의 경우 디지털 역량 강화를 위한 적극적인 학습과 훈련이 요구됩니다.

10) MZ세대는 밀레니얼 세대(Millennial Generation)와 Z세대(Generation Z)를 통칭하는 용어로, 1980년대 초반부터 2010년대 초반까지 태어난 사람들을 포함한다.

11) 디지털 이미그란트(Digital Immigrant)란 디지털 기술이 보편화되기 이전에 태어나 성장한 후, 나중에 디지털 기술을 접하고 적응해 나가는 세대를 일컫는 용어이다.

무엇보다 데이터를 읽고 해석할 수 있는 능력, 즉 데이터 리터러시(Data Literacy)가 핵심 역량으로 부상하고 있습니다. 단순히 데이터를 다루는 기술적 스킬뿐 아니라, 데이터에서 시사점을 도출하고 비즈니스 문제 해결에 적용할 수 있는 분석력과 창의력이 동시에 요구되는 것이죠. 데이터 사이언티스트, 비즈니스 애널리틱스 전문가 등 데이터 관련 신직업에 대한 수요가 폭증하고 있는 이유이기도 합니다.

나아가 끊임없이 학습하고 변화에 적응하는 민첩성과 유연성도 DT 시대의 필수역량입니다. GPT로 상징되는 인공지능의 발전으로 지식의 수명이 급격히 짧아지고 있습니다. 따라서 매뉴얼에 의존하기보다는 스스로 문제를 발견하고 해법을 모색하는 자기주도적 학습능력이 그 어느 때보다 중요해졌습니다. 학교와 회사가 제공하는 교육 프로그램에 적극 참여하는 한편, 개인적으로도 새로운 기술과 트렌드에 대해 꾸준히 관심을 가지고 학습하려는 자세가 필요합니다.

또한 자율성과 책임감을 바탕으로 한 주도적 업무 수행 능력도 갖춰야 합니다. 애자일(Agile), 스크럼(Scrum) 등 디지털 시대의 새로운 업무방식은 구성원 개개인의 자율성과 빠른 실행력에 기반하기 때문입니다. 따라서 업무 과정 전반을 주도하면서도, 그에 따른 결과에 대해 책임질 줄 아는 오너십이 요구됩니다. 관리자의 세세한 지시를 기다리기보다 스스로 판단하고 행동하는 진취적이고 능동적인 자세가 필요한 이유입니다.

한편 협력적 사고와 개방적 커뮤니케이션 역량의 중요성도 간과할 수 없습니다. DT의 성공을 위해서는 조직 내외의 다양한 이해관계자들과의 소통과 협업이 필수적이기 때문입니다. 부서 간 경계를 넘나드는 크로스 펑크셔널(Cross-functional)한 협업, 고객 및 외부 파트너와의 공감적 소통 등은 DT 인재들이 반드시 갖춰야 할 역량입니다. 타인의 의견을 경청하고 열린 자세로 토론하는 한편, 이해관계가 상충할 때는 조정 능력을 발휘할 줄 알아야 합니다.

마지막으로 변화와 혁신을 주도하는 도전 정신을 강조하고 싶습니다. DT는 기존의 관행과 패러다임에 안주하지 않고, 과감한 변화와 실험을 통해 새로운 미래를 열어가는 과정입니다. 실패를 두려워하지 않고 계속해서 시도하는 용기, 안정보다는 변화를 택하는 진취적 사고, 그리고 위기를 기회로 전환하는 긍정적 마인드야말로 DT를 이끄는 원동력이 될 것입니다.

물론 이러한 도전 정신은 개인의 역량에만 기대서는 안 됩니다. 실패를 용인하고 창의적 시도를 장려하는 조직문화가 뒷받침 될 때 비로소 충분히 발휘될 수 있습니다. 따라서 구성원들이 자유롭게 아이디어를 제안하고, 새로운 방식으로 일할 수 있도록 심리적 안전감을 보장하는 한편, 도전에 대한 충분한 보상이 이뤄질 수 있는 혁신적 조직문화 조성이 병행되어야 할 것입니다. 이상의 내용을 간략히 정리하면 디지털 리터러시와 데이터 분석력, 유연하고 민첩한 적응력, 주도적이고 협력적인 업무 태도, 그리고 변화와 혁신을 두려워하지 않는 도전정신이 DT 시대 인재의 핵심 요건이라 할 수 있겠습니다. 이는 단순히 직무 관련 지식이나 스킬을 넘어, 근본적인 직업관과 일하는 방식의 전환을 요구하는 것이기도 합니다. 말하자면 평생직장의 개념이 사라진 지금, 자기 주도적으로 경쟁력을 높여가는 끊임없는 자기계발의 노력이 그 어느 때보다 중요해졌다는 이야기입니다.

2.5. DT, 혁신의 파도 : 기업의 미래를 재정의하다.

디지털트랜스포메이션(DT)은 21세기 비즈니스 환경을 재편하는 거대한 물결입니다. 우리는 지금까지 DT가 가져온 변화의 본질과 그 영향력을 다각도로 살펴보았습니다. 이제 그 내용을 종합하여, DT가 만들어 내는 미래의 모습을 우리의 머릿속에 다시 한번 정리하여 그려보고자 합니다.

DT는 단순한 기술 혁신을 넘어, 기업의 DNA를 바꾸는 근본적인 변화입니다. 제품과 서비스의 디지털화, 제조업과 서비스업의 경계 붕괴, 데이터 중심의 의사결정, 그리고 플랫폼 기반의 비즈니스 모델 등은 이미 새로운 산업 표준으로 자리잡고 있습니다. 이러한 변화 속에서 기업들은 기존의 사업 영역을 넘어 끊임없이 혁신을 추구하고 있습니다.

특히 주목할 만한 점은 DT가 만들어낸 '승자독식' 구조입니다. 구글, 아마존, 페이스북과 같은 빅테크 기업들의 독보적인 지위는 디지털 시대의 새로운 경쟁 법칙을 보여줍니다. 동시에 이는 전통 기업들에게 위기감을 안겨주며, '디지털 다윈이즘'이라는 새로운 생존의 법칙을 제시하고 있습니다.

그러나 DT는 위협만큼이나 큰 기회를 제공합니다. 클라우드, AI, IoT 등의 기술은 기업들에게 무한한 가능성을 열어주고 있습니다. 이를 효과적으로 활용하는 기업들은 새로운 시장을 창출하고, 고객에게 전에 없던 가치를 제공하며 급속도로 성장하고 있습니다.

이러한 변화의 시대를 헤쳐나가기 위해서는 새로운 인재상이 요구됩니다. 디지털 리터러시와 데이터 분석 능력은 기본이며, 끊임없는 학습과 적응력, 창의적 문제해결 능력, 그리고 협업 능력이 핵심 역량으로 부상하고 있습니다. 더불어 불확실성을 두려워하지 않는 도전 정신과 윤리의식 또한 DT 시대의 리더에게 필수적인 자질입니다.

DT는 기업에게 근본적인 질문을 던집니다. "우리는 어떤 가치를 창출하고 있는가?", "고객의 삶을 어떻게 더 나아지게 할 수 있는가?", "기술을 어떻게 활용하여 사회에 기여할 수 있는가?" 이러한 질문에 대한 답을 찾는 과정이 바로 DT의 본질이며, 이를 통해 기업은 단순한 이윤 추구를 넘어 더 큰 사회적 가치를 창출할 수 있습니다. 이러한 측면에서 디지털 기술은 앞써 제기한 질문의 답을 찾는 과정에서 활용하는 도구적 관점으로 이해하는 것이 맞을 것입니다.

결론적으로, DT는 위기이자 기회, 도전이자 혁신의 장입니다. 빠르게 변화하는 환경 속에서 기업들은 지속적인 혁신과 유연한 적응력을 갖추어야 합니다. 동시에 기술 발전이 가져올 수 있는 부작용에 대해서도 깊이 고민함으로써 지속 가능한 성장 방안을 모색해야 할 것입니다.

디지털트랜스포메이션은 이제 선택이 아닌 필수입니다. 이 거대한 변화의 물결 속에서 기업들은 새로운 미래를 향한 항해를 시작했습니다. 이 여정에서 성공하는 기업들은 단순히 살아남는 것을 넘어, 새로운 시대를 주도하는 선구자로 자리매김할 것입니다. DT는 끝이 아닌 시작이며, 이 여정은 우리를 더 나은 미래로 인도할 것입니다.

3. 인공지능
: 지능의 확장과 새로운 가능성

3. 인공지능 : 지능의 확장과 새로운 가능성

3.1. AI 혁명의 개막 : 지능의 새로운 지평

우리는 지금 '인공지능(Artificial Intelligence, AI)'이라는 단어를 일상에서 무척 자주 접하고 있습니다. 스마트폰의 음성 비서, 자율주행차, 챗봇 등 다양한 분야에서 AI 기술이 활용되고 있죠. 이제 AI는 미래 기술이 아닌, 우리 삶의 일부로 자리 잡아 가고 있습니다.

〈GPT가 그림 AI이미지 생성〉

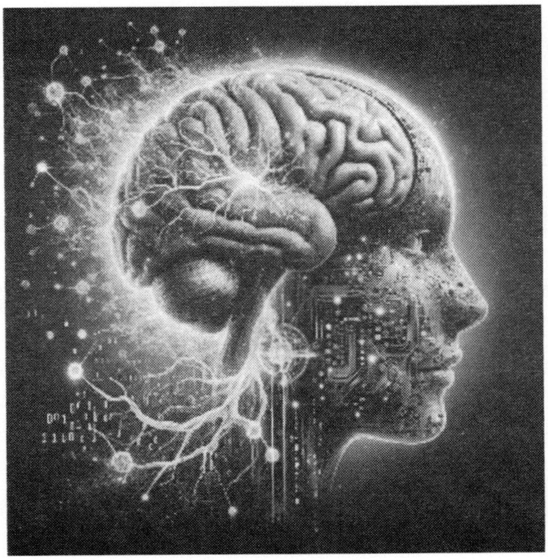

인류 역사상 처음으로 우리는 인간 이외의 존재가 '지능'을 가지게 되는 시대를 맞이하고 있습니다. 지금까지 지능은 인간만의 고유한 특성이었습니다. 그러나 이제 AI가 등장함으로써 이 경계가 모호해지고 있습니다. 이는 단순히 기술의 발전을 넘어 인간의 존재 의미에 대한 근본적인 질문을 제기합니다.

여기서 더 나아가 우리는 이제 AI와 '대화'를 나눌 수 있게 되었습니다. 이는 인류 역사상 처음으로 인간 이외의 존재와 의미 있는 커뮤니케이션을 하게 된 것을 의미합니다. 이러한 변화는 우리가 '지능'과 '의식', 그리고 '존재'에 대해 가지고 있던 기존의 개념을 재고하게 만듭니다.

AI의 발전은 어디까지 갈 수 있을까요? AI가 인간의 지능을 뛰어넘는 순간, 즉 [12]특이점(Singularity)이 도래한다면 우리 사회는 어떻게 변할까요? AI와 인간의 관계는 어떻게 설정되어야 할까요? 동반자? 도구? 아니면 새로운 형태의 존재? 이러한 질문들은 단순한 기술적 호기심을 넘어 철학적, 윤리적 고민을 요구합니다.

AI가 발전함에 따라 우리는 '의식'이란 무엇인지, '감정'이란 무엇인지에 대해 더욱 깊이 있게 탐구하게 될 것입니다. 또한 AI의 결정이 인간의 삶에 직접적인 영향을 미치게 되면서, AI의 윤리와 책임에 대한 논의도 더욱 중요해질 것입니다.

더 나아가, AI의 발전은 노동 시장과 교육 시스템에도 큰 변화를 가져올 것입니다. 많은 직업들이 AI에 의해 대체될 수 있으며, 이는 우리가 '일'과 '직업'에 대해 가지고 있던 개념을 근본적으로 재고하게 만들 것입니다. 교육 또한 AI 시대에 맞춰 변화해야 할 것입니다. 단순 지식의 습득보다는 창의성, 비판적 사고, 감성 지능 등 AI가 쉽게 대체할 수 없는 능력을 키우는 방향으로 나아가야 할 것입니다.

---

12) 특이점(Singularity)은 기술 발전, 특히 인공지능(AI)의 발전과 관련된 미래학적 개념이다. 이는 AI가 인간의 지능을 초월하는 시점을 가리키며, 이후 기술 발전이 통제 불가능한 속도로 가속화되어 인류 문명에 근본적인 변화를 초래할 것이라는 이론이다.

3.2. AI의 개념과 기술의 진화 : AI연대기

인공지능이란 간단히 말해 '인간의 지능적 행동을 모방하는 컴퓨터 시스템'을 의미합니다. 인간처럼 사고하고, 학습하며, 문제를 해결하는 지능을 기계로 구현하는 것이 AI 연구의 목표라고 할 수 있죠. 미국의 컴퓨터 과학자 [13]존 매카시(John McCarthy)가 1956년 다트머스 회의에서 AI라는 용어를 처음 사용한 이후, AI는 컴퓨터공학의 중요한 연구 분야로 자리매김해 왔습니다.

〈다트머스회의〉

〈출처 :http://ai4life.blogspot.kr〉

인공지능에 대해서는 다양한 정의가 존재합니다. 존 매카시는 "지능적인 기계를 만드는 과학 및 엔지니어링"이라고 정의했고, 일본의 저명한 AI연구자인 마쓰오 유타카(Matsuo Yutaka)는 "인간의 인지, 추론, 학습능력 등을 기계로 모방하는 기술"이라고 설명했습니다. 과학기술정보통신부는 "인간의 인지능력, 학습능

13) 존 매카시(John McCarthy, 1927-2011)는 미국의 컴퓨터 과학자이자 인공지능(AI) 분야의 선구자로, 'AI의 아버지'로 불린다. 1955년 '인공지능'이라는 용어를 처음 제안했다.

력, 추론능력, 이해능력 등을 컴퓨터 프로그램으로 구현한 기술"로 정의하고 있죠. 이러한 다양한 정의를 종합해보면, 인공지능은 간단히 '인간의 지능활동을 컴퓨터로 구현하는 기술'이라고 이해할 수 있습니다.

AI의 역사는 1950년대로 거슬러 올라갑니다. 1956년 다트머스 회의에서 "인공지능(Artificial Intelligence)"이라는 용어가 공식적으로 처음 사용되었으며, 이는 AI 연구의 시작점으로 여겨집니다. 초기 AI 연구의 핵심은 인간의 문제 해결 능력을 컴퓨터로 구현하는 데 있었습니다.

1950년대 후반, 엘런 뉴웰(Allen Newel)l과 허버트 사이먼(Herbert A. Simon)이 GPS(General Problem Solver)라는 프로그램을 개발했습니다. GPS는 수학 정리 증명 등의 작업을 수행할 수 있었으며, 이는 AI가 복잡한 문제를 해결할 수 있다는 가능성을 보여주었습니다.

1960-70년대에는 자연어 처리, 컴퓨터 비전, 음성 인식, 전문가 시스템 등 보다 실용적인 AI 기술 개발이 활발히 이루어졌습니다. 이 시기는 AI 연구의 황금기로 불리며, 많은 연구자들이 AI의 무한한 가능성을 믿었습니다.

하지만 당시 AI 연구는 [14]'지식 표현의 어려움(Knowledge Representation Problem)', [15]'조합 폭발(Combinatorial Explosion)' 등의 난관에 직면하게 됩니다. 이른바 'AI 겨울(AI Winter)'로 불리는 암흑기를 맞은 것이죠. 상징 논리에 기반한 규칙 기반 접근법의 한계가 드러나면서, AI 연구의 패러다임 전환이 모색되

14) 지식 표현의 어려움(Knowledge Representation Problem)은 인공지능(AI) 분야에서 중요한 도전 과제 중 하나로, 인간의 복잡하고 다양한 지식을 컴퓨터가 이해하고 처리할 수 있는 형태로 표현하는 데 따르는 어려움을 의미한다.

15) 조합 폭발(Combinatorial Explosion)은 컴퓨터 과학, 수학, 인공지능(AI) 분야에서 중요한 개념으로, 문제의 복잡성이 입력 크기에 따라 기하급수적으로 증가하는 현상을 일컫는다.

기 시작합니다. 그 돌파구가 된 것이 바로 '기계학습(Machine Learning)'입니다.

기계학습은 명시적인 프로그래밍 없이, 데이터로부터 패턴을 학습하는 알고리즘 기법을 통칭합니다. 즉, 데이터를 통해 스스로 학습하고 성능을 개선해 가는 것이죠. 기계학습의 등장으로 AI 연구는 지식 표현의 문제에서 상당 부분 자유로워질 수 있었습니다. 특히 2000년대 후반 빅데이터와 고성능 컴퓨팅 인프라의 발달로 AI는 제2의 전성기를 맞이하게 됩니다.

2010년대 들어서는 '딥러닝(Deep Learning)'이 AI 연구의 지배적 패러다임으로 부상합니다. 딥러닝은 사람의 뇌 신경망 구조에서 영감을 얻은 인공신경망(Artificial Neural Network) 기술의 일종으로, 여러 층의 신경망을 쌓아 복잡한 데이터를 학습하는 기법입니다. 구글, 페이스북, 아마존 등 글로벌 IT 기업들이 앞다퉈 딥러닝에 천문학적 투자를 쏟아붓고 있습니다.

이미지 인식, 음성 인식, 자연어 처리 등 전통적인 AI 과제들이 딥러닝을 통해 크게 개선되었고, 바둑, 체스, 포커 등 전략 게임에서도 AI가 인간 챔피언을 연이어 격파하며 존재감을 과시했습니다. 2016년 알파고와 이세돌의 바둑 대결은 AI의 위력을 전 세계에 각인시킨 역사적 사건으로 기록됐죠.

오늘날 AI 기술은 의료, 금융, 제조, 물류, 교육 등 산업 전반에 걸쳐 광범위하게 활용되고 있습니다. X-레이, CT 등 의료 영상 분석에서부터 신용평가, 주가 예측 같은 금융 업무, 스마트 팩토리 운영, 무인점포 등에 이르기까지 AI의 파급력은 상상을 초월합니다. 이제 AI는 인간만이 할 수 있다고 여겼던 고차원적 인지 영역까지 빠르게 확장하고 있습니다.

3.3. AI에 대한 다양한 시각 : 인간답게? 컴퓨터답게?

AI의 복잡성과 잠재적 영향력으로 인해, 우리는 AI를 다양한 시각에서 바라볼 수 있습니다. AI를 어떻게 정의하고 평가하느냐에 따라 그 발전 방향과 우리 사회에 미칠 영향이 달라질 수 있죠. 여기서는 AI로 인정받기 위해 어떤 조건을 충족해야 하는지에 대한 네 가지 주요 관점을 살펴보겠습니다.

인공지능을 바라보는 4가지 관점

Thinking humanly -인간처럼 생각하기-	Thinking rationally -합리적으로 생각하기-
Acting humanly -인간처럼 행동하기-	Acting rationally -합리적으로 행동하기-

첫째, 'AI가 인간처럼 생각해야 한다'는 관점입니다. 이 관점을 지지하는 사람들은 '생각이 있는 컴퓨터'를 만드는 것이 진정한 인공지능을 만드는 것이라고 믿습니다. 이는 인간의 주요 사고 과정인 학습, 문제 해결, 의사 결정 등을 컴퓨터를 통해 구현하는 데 중점을 둡니다. 이러한 접근법은 인지과학과 밀접한 관련이 있으며, 신경망 등의 인공지능 분야 발달에 크게 기여했습니다.

둘째, 'AI가 합리적으로 사고해야 한다'는 관점입니다. 이 관점은 기본적으로 사람이 생각하는 방식이 항상 합리적이지는 않다는 점에 주목합니다. 따라서 AI를 구현하는 데 있어서 인간의 비합리적인 사고 과정까지 모방할 필요가 없다고 봅니다. 대신 계산적인 모델을 통해 인지, 추론, 행동 구현을 목표로 하며, 주로 논리학적 관점에서 AI를 바라봅니다.

셋째, 'AI가 인간처럼 행동해야 한다'는 관점입니다. 이는 AI의 내부적인 작동 방식보다는 외부로 드러나는 행동에 초점을 맞춥니다. 이 관점에서는 AI가 인간과 구별할 수 없을 정도로 인간처럼 행동해야 진정한 인공지능이라고 봅니다. 이는 주로 로봇공학에서 추구하는 방향이기도 하며, 튜링 테스트와 같은 평가 방법의 기반이 되었습니다.

넷째, 'AI가 합리적으로 행동해야 한다'는 관점입니다. 이 관점은 AI를 하나의 '합리적 에이전트'로 보며, 주어진 목표를 달성하기 위해 최적의 행동을 선택할 수 있어야 한다고 믿습니다. 이는 목표 지향적이고 효율적인 행동을 중시하며, 현대 AI 연구에서 많이 채택되는 접근법 중 하나입니다.

이러한 다양한 관점은 AI 기술의 발전 방향을 결정짓는 중요한 철학적 기반이 됩니다. 우리가 어떤 관점을 취하느냐에 따라 AI 연구의 목표와 방법론, 그리고 평가 기준이 달라질 수 있습니다. 따라서 AI를 개발하고 활용하는 데 있어 이러한 다양한 관점을 균형 있게 고려하는 것이 중요합니다.

AI 기술이 발전할수록 이러한 철학적 질문들은 더욱 중요해질 것입니다. 우리가 만들어가는 AI가 어떤 모습이어야 하는지, 그리고 그것이 우리 사회에 어떤 영향을 미칠지에 대해 지속적으로 고민하고 토론해야 할 것입니다. 이러한 철학적, 윤리적 성찰은 AI 기술의 발전과 함께 병행되어야 하며, 이는 우리가 AI와 공존하는 미래를 설계하는 데 있어 핵심적인 역할을 할 것입니다.

3.4. AI의 작동 원리와 학습 방식 : 기계의 사고 과정

AI가 어떻게 인간과 유사한 지능적 행동을 할 수 있는지 이해하기 위해서는 먼저 '지능(Intelligence)'이라는 개념에 대해 생각해 볼 필요가 있습니다. 지능이란 무엇이며, 이것이 정말 인간만의 고유한 속성일까요?

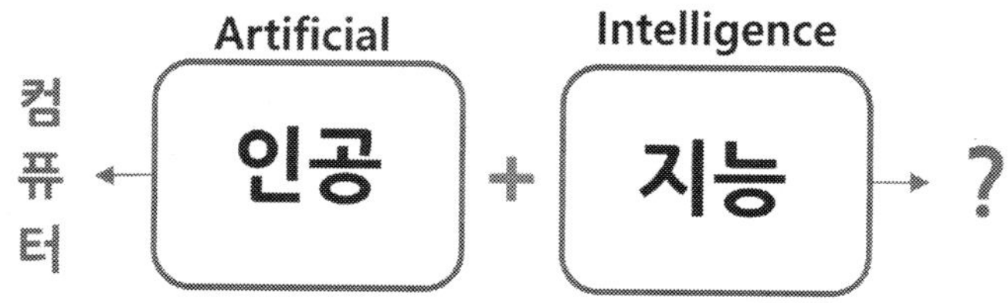

지능에 대한 명확한 정의를 내리기는 쉽지 않습니다. 학자들마다 조금씩 다른 정의를 내리고 있는데요. 일반적으로 새로운 정보를 습득하고, 상황에 맞게 지식을 활용해 문제를 해결하는 능력을 지능이라고 말합니다. 인지, 학습, 추론, 문제 해결 등이 대표적인 지적 능력이라 할 수 있죠.

인간의 경우, 지능은 기본적으로 뇌의 신경세포, 즉 [16]뉴런(Neuron) 간 [17]시냅스(Synapse)를 통한 정보 전달로부터 비롯됩니다. 860억 개에서 1,000억 개에 이르는 뉴런들이 복잡한 네트워크를 형성하며 고도의 인지 기능을 수행하는 것이

16) 뉴런(Neuron)은 신경계의 기본 구조적, 기능적 단위로, 정보를 처리하고 전달하는 특화된 세포이다. 생물학적 뉴런은 일반적으로 세포체, 수상돌기, 축삭돌기로 구성되며, 전기화학적 신호를 통해 정보를 전달한다.

17) 시냅스(Synapse)는 신경계에서 뉴런과 뉴런 사이, 또는 뉴런과 다른 세포 사이의 정보 전달이 일어나는 특수화된 구조이다. 생물학적 시냅스는 주로 화학적 시냅스와 전기적 시냅스로 구분된다.

죠. 신경과학자들은 뉴런 간 연결 패턴에서 지능의 비밀을 찾고자 뇌 연구에 매진하고 있습니다.

현대적 인공지능의 주류를 이루고 있는 연결주의 인공지능은 인간의 두뇌를 통한 지능을 인공적으로 구현하는 방식으로, 특히 인간 두뇌의 신경망에서 모티브를 얻고 있습니다. 20세기 중반 인지과학자들은 뉴런의 구조와 작동 방식을 모방한 '인공신경망(Artificial Neural Network)'이라는 수학 모델을 고안해 냈는데요. 이는 복수의 노드(Node)와 가중치(Weight)로 연결된 계층적 네트워크 구조를 갖습니다.

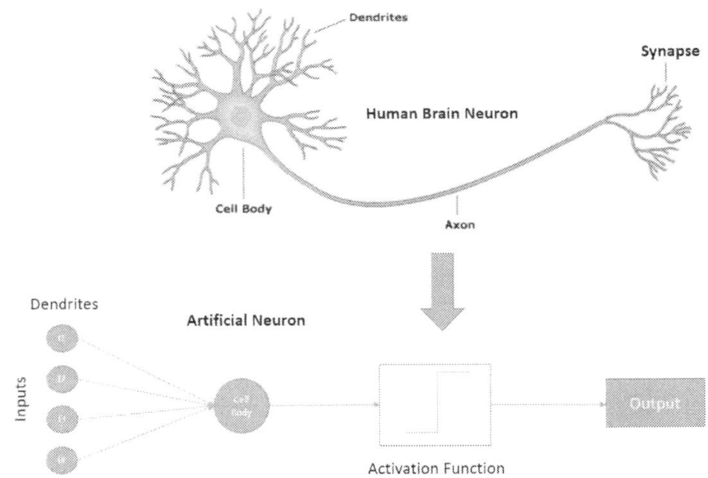

〈출처 : Deep AI〉

인공신경망은 기본적으로 입력층(Input Layer), 은닉층(Hidden Layer), 출력층(Output Layer) 등 3개의 층으로 구성됩니다. 각 층은 다수의 노드로 이뤄지는데요. 한 층의 노드들은 다음 층 노드들과 가중치로 연결되어, 입력 데이터로부터 출력값을 도출합니다. 적절한 가중치를 학습함으로써 원하는 문제 해결이 가능해지는 것이죠.

인공신경망의 구조

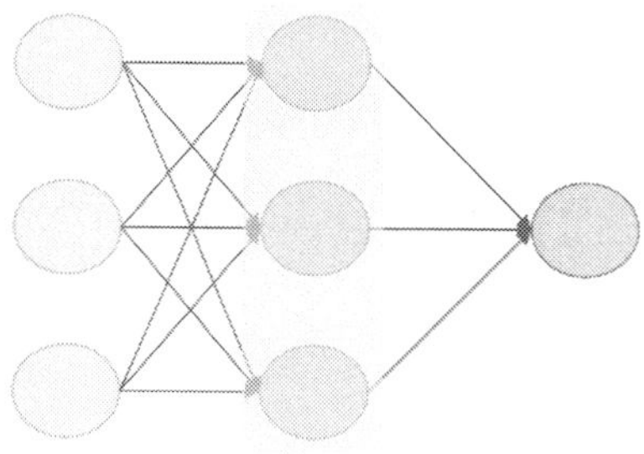

예를 들어, 이메일 스팸 필터링을 인공신경망으로 구현한다고 가정해 봅시다. 입력층의 노드들은 각 이메일의 문구, 제목, 링크 등 다양한 특성을 나타내고, 출력층은 스팸 메일 여부를 판별하는 노드로 구성될 수 있겠죠. 이때 충분한 학습 데이터, 즉 다수의 이메일 샘플과 스팸 여부 레이블을 입력하면서 인공신경망을 훈련시킵니다.

학습의 원리는 다음과 같습니다. 신경망의 예측값과 실제 정답 간 오차를 측정하고, 경사하강법(Gradient Descent) 등의 최적화 기법을 통해 가중치를 조정해 가는 것이죠. 이런 학습을 반복하다 보면 오차를 최소화하는 최적의 모델을 얻을 수 있습니다. 학습된 신경망은 새로운 이메일이 들어왔을 때 스팸 여부를 높은 정확도로 판별할 수 있게 되는 거죠.

인공신경망은 이처럼 지도학습(Supervised Learning)을 통해 데이터의 패턴을 학습합니다. 하지만 데이터에 정답 레이블이 없는 경우도 있겠죠. 이럴 때는 비지도학습(Unsupervised Learning)을 활용합니다. 대표적으로 데이터를 유사한 특성끼리 그룹화하는 군집화(Clustering)나, 고차원 데이터를 저차원으로 압축하는 차원 축소(Dimension Reduction) 등이 있습니다.

강화학습(Reinforcement Learning)이라는 방법도 있습니다. 일종의 행동심리학 이론인데요. 에이전트, 즉 AI가 환경과 상호작용하면서 보상을 최대화하는 방향으로 행동 전략을 학습해 가는 거죠. 알파고의 핵심 알고리즘이기도 한 강화학습은 게임 AI, 로보틱스 등에 활발히 활용되고 있습니다.

특징	지도학습 (Supervised Learning)	비지도학습 (Unsupervised Learning)	강화학습 (Reinforcement Learning)
정답 레이블 존재	존재함	존재하지 않음	존재하지 않음
주된 목적	예측 및 분류	데이터 구조 파악 및 군집화	보상을 최대화하는 행동 학습
대표적 알고리즘	회귀분석, 결정트리, 서포트 벡터 머신, 신경망	K-평균 군집화, 주성분 분석, 연관 규칙 학습	Q-러닝, 정책 경사, 심층 강화학습
주요 활용 분야	이메일 스팸 필터링, 이미지 분류, 언어 번역	고객 세분화, 이상 탐지, 차원 축소	게임 AI, 로보틱스, 자율주행

이처럼 AI의 작동 원리는 기본적으로 인간 두뇌의 정보처리 과정과 유사합니다. 방대한 데이터로부터 유의미한 패턴을 포착하고, 이를 기반으로 새로운 상황에 대한 예측이나 의사결정을 내리는 것이죠. 최근에는 인공신경망에 주목 메커니즘(Attention), 메모리 구조 등을 접목하여 인간의 인지 능력에 더욱 근접하려는 시도들이 활발히 이뤄지고 있습니다.

3.5. AI의 다양한 분류 체계 : 알파고부터 스카이넷까지

AI는 그 범위와 수준, 구현 방식 등에 따라 다양하게 분류될 수 있습니다. 이러한 분류 체계를 이해하는 것은 AI의 현주소와 미래 전망을 가늠하는 데 큰 도움이 됩니다. 이번 장에서는 AI를 바라보는 다양한 관점과 기준에 따른 분류 체계들을 살펴보겠습니다.

먼저 AI는 그 적용 범위에 따라 '좁은 AI(Narrow AI)'와 '일반 AI(General AI)'로 나뉩니다. 좁은 AI는 특정 영역에 특화된 AI를 가리키는데요. 체스를 두는 AI, 자연어를 처리하는 AI, 이미지를 인식하는 AI 등이 대표적 사례입니다. 현재 대부분의 AI 기술은 좁은 AI에 해당한다고 볼 수 있습니다.

반면 일반 AI는 인간처럼 다양한 영역의 문제를 범용적으로 해결할 수 있는 AI를 의미합니다. 전문 지식은 물론 상식, 창의력, 사회성 등을 두루 갖춘 인간 수준의 지능을 가리키는 거죠. 얼마전까지는 개념적 차원에 머물러 있지만, Chat-GPT를 필두로한 LLM모델의 발전이 급속히 이루어지면서 조만간 구현되는 것이 아닌가 하는 기대와 두려움이 교차하고 있는 시점에 이르렀습니다.

또 다른 분류 기준은 AI의 '지능 수준'입니다. '약한 AI(Weak AI)'와 '강한 AI(Strong AI)'가 대표적인데요. 약한 AI는 특정 문제 영역에 국한된 성능을 보이는 AI를 말합니다. 체스나 바둑처럼 명확한 규칙이 정의된 환경 내에서 뛰어난 능력을 발휘하지만, 범용적 문제해결력은 떨어지는 AI라고 보시면 됩니다. 현재 상용화된 대부분의 AI 서비스가 이에 해당합니다. '좁은 AI(Narrow AI)'와 유사하다고 할 수 있습니다.

반면 강한 AI는 인간 수준 혹은 그 이상의 지적 능력을 갖춘 AI를 일컫는 말입니다. 인간처럼 스스로 사고하고 학습하며, 주어진 상황을 이해하고 적절히 행동할 수 있는 거죠. 나아가 자아 인식, 감정, 창의력 등 인간 고유의 속성까지 구현될 수도 있다는 예측하고 있습니다. 아직은 실현되지 않았지만, AI 기술이 고도화되면 언젠가는 현실화될 것으로 전망되고 있습니다. '일반 AI(General AI)'와 유사하다고 할 수 있습니다.

여기서 한 걸음 더 나아가 '초인공지능(ASI:Artificial Superintelligence)' 개념도 제시되곤 합니다. 모든 면에서 인간의 능력을 초월하는 AI인데요. 과학적 창의력, 사회적 지능 등을 두루 갖춰 인류 문명을 근본적으로 변화시킬 것으로 예견됩니다. 아직은 영화 터미네이터의 스카이넷처럼 공상과학 영화에서나 볼 법한 먼 미래의 모습이지만, AI 기술의 잠재력을 가늠케 하는 개념이기도 합니다.

AI는 '강/약', '좁음/넓음' 외에도 그 구현 방식에 따라 다양하게 분류될 수 있습니다. 전통적으로 AI는 '기호주의 AI(Symbolic AI)'와 '연결주의 AI(Connectionist AI)'로 나뉘어 발전해 왔는데요. 기호주의 AI는 논리와 규칙에 기반하여 문제를 형식화하고, 연역적 추론을 통해 해를 도출합니다. 1950-60년대 AI 연구를 주도했던 접근법입니다. 기호주의 AI는 인간의 논리적 사고 과정을 모방하여 문제를 해결하는 접근 방식입니다. 이는 명시적인 규칙과 논리적 추론을 바탕으로 작동하며, 지식을 기호(symbol)로 표현하고 이를 조작하여 결론을 도출합니다. 초기 AI 연구에서 주도적인 역할을 했던 기호주의 AI는 복잡한 문제를 명확한 규칙으로 정의할 수 있을 때 효과적입니다. 예를 들어, 전문가 시스템이나 논리 프로그래밍 언어 등이 이에 해당합니다. 그러나 불확실성이 높거나 패턴 인식이 필요한 문제에서는 한계를 보입니다.

반면 연결주의 AI는 인간 뇌의 신경망 구조에서 영감을 얻은 인공신경망 모델에 기반합니다. 대량의 데이터를 학습하고 패턴을 인식하는 데이터 기반 접근법인 셈인데요. 최근 AI의 눈부신 성과는 대부분 딥러닝으로 대표되는 연결주의 아키텍처에서 비롯된 것입니다.

인공지능 주된 구현 방식

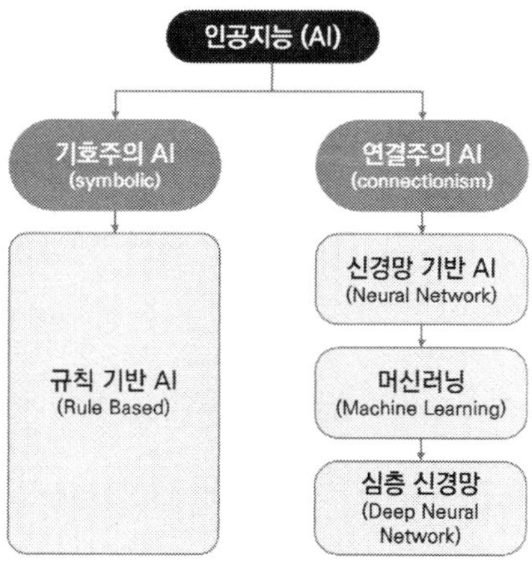

이 두 접근 방식은 AI 발전의 주요 축을 형성해왔습니다. 기호주의 AI가 명시적 지식과 논리적 추론을 강조한다면, 연결주의 AI는 데이터로부터의 학습과 패턴 인식을 중시합니다. 최근에는 이 두 접근법을 결합한 하이브리드 모델도 연구되고 있어, AI의 능력을 더욱 확장시키고 있습니다.

한편 데이터 학습 방식에 따라서도 AI를 분류해 볼 수 있겠습니다. 앞서 언급한 지도학습(Supervised Learning), 비지도학습(Unsupervised Learning), 강화학습(Reinforcement Learning) 등이 주요 학습 패러다임을 이루고 있죠. 데이터의 유형과 활용 가능한 자원에 따라 적합한 학습 방법론이 달라질 수 있습니다.

또 다른 분류 기준은 AI 기술의 '활용 분야'입니다. 자연어 처리(Natural Language Processing), 컴퓨터 비전(Computer Vision), 음성인식(Speech Recognition), 로보틱스(Robotics), 전문가 시스템(Expert System) 등 AI의 세부 연구 분야는 매우 다양한데요. 최근에는 분야 간 경계를 넘나드는 융합 연구도 활발히 이뤄지고 있습니다.

가장 최근에는 '생성 AI(GAI:Generative AI)'라는 새로운 분류가 주목받고 있습니다. GPT 시리즈, 스테이블디퓨전(Stable Diffusion), 미드저니(Midjourney), 소라(Sora) 등 대규모 언어 모델과 이미지, 영상 생성 모델 등의 등장으로 창의적 콘텐츠 생성이 AI의 새로운 트렌드로 부상한 것인데요. Chat-GPT로 대표되는 생성 AI는 콘텐츠 제작, 고객 서비스 등 다양한 분야에서 게임 체인저가 되어가고 있습니다.

이러한 AI의 분류 체계는 AI의 현재 위치를 파악하고 미래를 전망하는 데 유용한 프레임워크를 제공합니다. 하지만 이러한 경계는 고정불변의 것이 아니라 끊임없이 확장되고 재편될 것입니다. AI 기술 자체가 급속도로 진화하고 있기 때문이죠. 이처럼 AI는 다양한 기준에 따라 분류될 수 있으며, 각 분류는 AI의 서로 다른 측면을 조명합니다. 구현 방식(기호주의 vs 연결주의), 학습 방법(지도, 비지도, 강화학습), 활용분야, 그리고 최근의 생성 AI까지, 이러한 다양한 관점은 AI의 복잡성과 다면성을 잘 보여줍니다. 또한, 이러한 분류는 AI 기술의 발전에 따라 계속해서 진화하고 있어, AI 연구와 응용 분야의 역동성을 반영합니다. 앞으로 AI 기술이 더욱 발전하면서, 이러한 분류 체계도 더욱 세분화되거나 새로운 범주가 추가될 가능성이 높습니다.

분류기준	유형	특징	예시/설명
적용 범위	좁은AI (Narrow AI)	특정 영역에 특화된 AI	체스AI, 자연어 처리AI, 이미지 인식AI
	일반 AI (General AI)	다양한 영역의 문제를 범용적으로 해결 가능한 AI	인간 수준의 지능, 상식, 창의력, 사회성 보유
지능 수준	약한AI (Weak AI)	특정 문제 영역에 국한된 성능을 보이는 AI	현재 상용화된 대부분의 AI 서비스
	강한AI (Strong AI)	인간수준 혹은 그 이상의 지적 능력을 갖춘 AI	자아인식, 감정, 창의력 등 구현 가능성
	초인공지능(ASI)	모든 면에서 인간의 능력을 초월하는 AI	인류문명을 근본적으로 변화시킬수 있는 수준
구현 방식	기호주의AI	논리와 규칙에 기반한 연역적 추론	1950~60년대 주도적 접근법
	연결주의AI	인간의 뇌 신경망 구조를 모방한 방식	현대 딥러닝의 기반
학습 방식	지도학습	레이블이 있는 데이터로 학습	이미지분류, 스팸메일 필터링
	비지도학습	레이블이 없는 데이터에서 패턴 발견	고객 세분화, 이상 탐지
	강화학습	환경과 상호작용하며 보상을 최대화하는 방향을 학습	게임AI, 로봇 제어
주요 활용 분야	자연어 처리	인간의 언어를 이해하고 생성하는 AI	기계 번역, 챗봇
	컴퓨터 비전	이미지와 영상을 분석하고 이해하는 AI	얼굴인식, 자율주행차
	음성인식	음성을 텍스트로 변환하거나 이해하는 AI	음성 비서, 음성 명령 시스템
	로보틱스	물리적 작업을 수행하는 AI	산업용 로봇, 가사 도우미 로봇
	전문가 시스템	특정 분야의 전문지식을 모델링한 AI	의료진단 시스템, 금융 자문 시스템
최신 트랜드	생성AI	새로운 콘텐츠를 창작하는 AI	GPT, DALL-E 등

3.6. 머신러닝과 딥러닝 : AI 혁명의 알파와 오메가

지금까지 인공지능의 개념과 진화과정, 작동원리와 학습방식, 분류체계 등에 대해서 알아봄으로써 우리는 인공지능에 대한 전반적인 이해를 가지게 되었습니다. 여기서 GPT 등 최신 인공지능에 대해서 본격적으로 알아보기에 앞써, 현대 인공지능을 이야기 하는데 있어서 가장 중요한 개념이라고 할 수 있는 머신러닝(Machine Learning)과 딥러닝(Deep Learning)에 대해서 조금 더 자세히 알아보고 넘어가도록 하겠습니다.

인공지능 기술의 핵심 분야 중 하나인 머신러닝(Machine Learning)은 명시적인 프로그래밍 없이 컴퓨터가 스스로 학습하는 기술을 의미합니다. 즉, 데이터를 기반으로 패턴을 인식하고 의사결정을 내리는 알고리즘을 개발하는 것이 머신러닝의 주된 목적입니다. 아서 사무엘(Arthur Samuel)이 1959년 처음 언급한 이후 머신러닝은 이론과 응용 측면에서 모두 괄목할 만한 발전을 거듭해 왔습니다.

머신러닝의 발전 과정을 살펴보면, 초기에는 단순한 패턴 인식과 통계적 학습에 중점을 두었습니다. 1980년대에 들어서면서 의사결정 트리, 서포트 벡터 머신(SVM:Support Vector Machine) 등의 알고리즘이 등장하며 머신러닝의 적용 범위가 확대되었습니다. 2000년대 이후에는 빅데이터의 등장과 컴퓨팅 파워의 증가로 인해 더욱 복잡하고 강력한 알고리즘들이 개발되었습니다.

전통적인 프로그래밍 방식은 입력과 명령어 세트를 통해 원하는 출력을 얻어내는 방식입니다. 반면 머신러닝에서는 입력과 출력 데이터를 먼저 정의하고, 이를 바탕으로 입력을 출력에 매핑하는 프로그램, 즉 모델(규칙)을 자동 생성하는 방식이죠. 대량의 데이터로부터 패턴을 감지하고 학습하는 능력은 머신러닝의 가장 큰 특징이자 강점입니다.

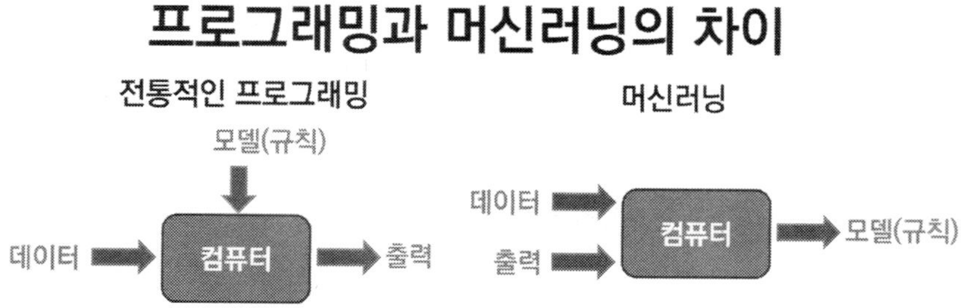

머신러닝에서 모델(규칙)의 수준을 결정하는 것은 크게 두 가지 핵심 요소에 의존합니다. 데이터(Data)와 알고리즘(Algorithm)입니다. 데이터는 머신러닝 모델을 학습시키기 위한 재료라고 할 수 있습니다. 데이터의 양이 많고 품질이 좋을수록 머신러닝의 성능은 향상됩니다. 이는 'garbage in, garbage out'이라는 말로 표현되기도 합니다. 즉, 좋은 품질의 데이터를 입력해야 좋은 결과를 얻을 수 있다는 것입니다.

데이터의 품질을 결정하는 요소로는 정확성, 완전성, 일관성, 적시성 등이 있습니다. 또한 데이터의 편향성을 제거하는 것도 중요한 과제입니다. 편향된 데이터로 학습된 모델은 편향된 결과를 낼 수 있기 때문입니다.

알고리즘은 데이터를 분석하고 모델을 학습시키는 방법론입니다. 데이터의 유형과 문제의 성격에 따라 다양한 알고리즘이 사용됩니다. 예를 들어, 선형 회귀, 로지스틱 회귀, 의사결정 트리, 랜덤 포레스트, 서포트 벡터 머신, k-최근접 이웃 알고리즘 등이 널리 사용되고 있습니다. 각 알고리즘은 고유의 장단점을 가지고 있어, 문제의 특성에 맞는 적절한 알고리즘을 선택하는 것이 중요합니다.

여기서 자칫 모델(규칙)과 알고리즘에 대해서 혼돈을 할수 있기 때문에 구분하여 설명을 덧붙이고자 합니다. 알고리즘은 컴퓨터가 특정 작업을 수행하기 위한 절차 또는 방법론입니다. 머신러닝에서 알고리즘은 데이터를 분석하여 패턴을 발견하고 그 패턴을 바탕으로 학습된 모델(규칙)을 만들어내는 역할을 합니다.

따라서, 모델(규칙)은 알고리즘이 데이터를 학습한 결과로 도출되는 구체적인 지침이나 조건을 말하는 것입니다. 결국 머신러닝에서 말하는 모델(규칙)이란 데이터와 알고리즘을 통해 자동으로 생성되는 지침의 세트로 이 지침에 따라 입력 데이터를 출력 데이터로 변환하는 과정이 이루어지는 것입니다.

머신러닝의 주요 유형으로는 앞써 이야기 한 바 있는 지도학습, 비지도학습, 그리고 강화학습이 있습니다. 지도학습은 레이블이 있는 데이터를 사용하여 모델을 학습시키는 방법이었죠. 분류와 회귀 문제가 대표적인 지도학습의 예입니다. 비지도학습은 레이블이 없는 데이터에서 패턴을 찾아내는 방법으로, 클러스터링과 차원 축소 등이 여기에 속합니다. 강화학습은 에이전트가 환경과 상호작용하면서 보상을 최대화하는 방향으로 학습하는 방법입니다. 최근에는 이러한 기본적인 유형들을 조합한 준지도학습(Semi-supervised Learning), 전이학습(Transfer Learning) 등의 새로운 패러다임도 등장하고 있습니다.

한편, 딥러닝은 머신러닝의 한 분야로, 인공신경망을 깊게 쌓아 만든 심층신경망(Deep Neural Network)을 사용합니다. 딥러닝은 2010년대 이후 AI 기술 발전을 이끈 핵심 동력이 되었습니다. 특히 2012년 이미지넷 대회에서 [18]알렉스넷(AlexNet)이 기존의 방식들을 크게 앞서는 성능을 보이면서 딥러닝의 시대가 본격적으로 열렸습니다.

딥러닝의 주요 장점 중 하나는 데이터로부터 복잡하고 추상적인 특징(feature)을 자동으로 추출한다는 점입니다. 전통적인 머신러닝에서도 일부 기법들이 자동 특징 추출을 수행할 수 있지만, 딥러닝은 더 깊고 복잡한 특징들을 학습할 수 있습니다. 이는 특히 이미지나 음성 같은 비정형 데이터를 다룰 때 큰 장점이 됩니다.

딥러닝 모델은 여러 층의 [19]노드(Node)로 구성되어 있습니다. 각 층은 이전 층의 출력을 입력으로 받아 더 추상적이고 고차원적인 특징을 학습합니다. 예를 들어, 이미지 인식에서 초기 층은 단순한 윤곽선이나 색상을 감지하지만, 깊은 층으로 갈수록 물체의 부분이나 전체 형태를 인식할 수 있게 됩니다. 이러한 계층적 특징 학습은 딥러닝이 복잡한 패턴을 효과적으로 학습할 수 있게 하는 핵심 메커니즘입니다.

딥러닝의 주요 [20]아키텍처(Architecture)로는 합성곱 신경망(CNN: Convolutional Neural Network), 순환 신경망(RNN:Recurrent Neural Network), 트랜스포머(Transformer) 등이 있습니다. CNN은 이미지 처리에 특

18) 알렉스넷(AlexNet)은 2012년 캐나다의 토론토 대학교에서 알렉스 크리제브스키(Alex Krizhevsky), 일리야 서츠케버(Ilya Sutskever), 그리고 지도 교수인 제프리 힌튼(Geoffrey Hinton)에 의해 개발된 딥러닝 모델이다.

19) 노드(Node)는 컴퓨터 과학과 네트워크 이론에서 네트워크의 한 지점을 나타내는 용어로, 인공지능(AI) 및 신경망(Neural Networks) 분야에서는 뉴런(Neuron)이라고도 불리며, 입력 데이터를 처리하여 출력을 생성하는 기본 단위를 말한다.

20) 아키텍처(Architecture)는 컴퓨터 과학, 소프트웨어 개발, 시스템 설계 등 다양한 분야에서 사용되는 용어로, 시스템이나 소프트웨어의 구조적 설계와 구성 요소들의 상호작용 방식을 정의하는 것을 말한다.

화되어 있으며, 컴퓨터 비전 분야에서 광범위하게 사용됩니다. RNN은 시계열 데이터 처리에 적합하여 자연어 처리, 음성 인식 등에 활용됩니다. 최근에는 RNN의 한계를 극복한 LSTM(Long Short-Term Memory)과 GRU(Gated Recurrent Unit) 같은 변형 모델들도 널리 사용되고 있습니다. 트랜스포머는 2017년에 소개된 이후 자연어 처리 분야에 혁명을 일으켰으며, GPT시리즈와 같은 강력한 언어 모델이 지금과 같은 성능을 발휘하는데 기반이 되었습니다.

딥러닝은 이미지 인식, 음성 인식, 자연어 처리 등 다양한 분야에서 혁명적인 성과를 거두었습니다. 특히 대규모 데이터와 강력한 컴퓨팅 파워를 활용할 수 있는 환경에서 뛰어난 성능을 보입니다. 예를 들어, 의료 분야에서는 X-ray나 MRI 영상을 분석하여 질병을 진단하는 데 활용되고 있으며, 자율주행 자동차에서는 주변 환경을 인식하고 판단하는 데 사용됩니다. 또한 자연어 처리 분야에서는 기계 번역, 감성 분석, 챗봇 등 다양한 애플리케이션을 가능하게 했습니다.

그러나 딥러닝에도 한계가 있습니다. 대량의 데이터와 많은 컴퓨팅 자원이 필요하고, 모델의 의사결정 과정을 해석하기 어려운 [21]'블랙박스 문제(Black Box Problem)'가 있습니다. 이는 특히 의료나 금융 같은 중요한 의사결정이 필요한 분야에서 큰 과제가 됩니다. 또한 적은 양의 데이터로 학습하거나 학습한 영역 밖의 문제를 해결하는 데는 여전히 한계를 보입니다. 이를 해결하기 위해 설명 가능한 [22]AI(XAI:Explainable Artificial Intelligence), [23]메타러닝(Meta-learning),

21) 블랙박스 문제(Black Box Problem)는 인공지능(AI), 특히 딥러닝(Deep Learning) 모델과 관련된 중요한 문제 중 하나로, 모델이 어떻게 결정을 내리는지 이해하기 어렵다는 점을 말한다.

22) XAI(Explainable Artificial Intelligence)는 설명 가능한 인공지능을 의미하며, AI 시스템의 작동 원리와 결정 과정을 사람이 이해할 수 있도록 설명하는 기술과 방법론을 포함한다.

23) 메타러닝(Meta-learning)은 "학습을 학습하는" 과정을 의미하며, 머신러닝 모델이 새로운 작업을

적대적 생성 신경망 [24](GAN:Generative Adversarial Network) 등 다양한 연구가 진행되고 있습니다.

딥러닝의 또 다른 도전 과제로는 에너지 효율성이 있습니다. 대규모 딥러닝 모델을 학습시키고 운영하는 데에는 엄청난 양의 전력이 소모되며, 이는 환경 문제와도 연결됩니다. 이를 해결하기 위해 [25]모델 압축(Model Compression), [26]지식 증류(Knowledge Distillation), [27]에지 컴퓨팅(Edge Computing) 등의 기술이 연구되고 있습니다.

이러한 장단점을 고려하여 적절한 문제와 환경에 딥러닝을 적용하는 것이 중요합니다. 앞으로 딥러닝 기술은 더욱 발전하여 현재의 한계를 극복하고, 더 넓은 영역에서 활용될 것으로 기대됩니다. 특히 신경과학과의 융합을 통해 인간의 뇌를 더 잘 모방하는 모델, 적은 데이터로도 효과적으로 학습할 수 있는 퓨샷러닝(few-shot learning), 그리고 여러 작업을 동시에 수행할 수 있는 멀티태스크 학습 등이 주목받고 있습니다.

머신러닝과 딥러닝은 AI 혁명의 핵심 동력으로서, 우리의 삶과 사회를 크게 변

빠르게 학습하거나, 적은 양의 데이터로도 효과적으로 학습할 수 있도록 하는 기술과 방법론을 포함한다.

24) 적대적 생성 신경망(GAN: Generative Adversarial Network)은 두 개의 신경망(생성자와 판별자)이 서로 경쟁하면서 데이터를 생성하고 학습하는 방식으로 적은 양의 데이터로 효과적 학습이 가능하다.

25) 모델 압축(Model Compression)은 딥러닝 모델의 크기와 복잡성을 줄이면서도 원래 모델과 유사한 성능을 유지하도록 최적화하는 기술을 말한다.

26) 지식 증류(Knowledge Distillation)는 딥러닝 모델의 성능을 유지하면서 모델의 크기를 줄이기 위해 사용되는 기술로 대형 모델(교사 모델, Teacher Model)의 지식을 소형 모델(학생 모델, Student Model)로 전달하여, 소형 모델이 대형 모델의 성능을 최대한 유지하도록 학습시키는 방법이다.

27) 에지 컴퓨팅(Edge Computing)은 데이터 처리 및 분석을 중앙 데이터센터나 클라우드가 아닌, 데이터가 생성되는 현장 근처에서 수행하는 컴퓨팅 방식이다.

화시키고 있습니다. 이러한 기술의 발전은 우리에게 큰 기회를 제공하지만, 동시에 윤리적, 사회적 과제도 안겨주고 있습니다. 따라서 기술의 발전과 더불어 이를 올바르게 활용하고 관리하는 방안에 대한 논의도 함께 이루어져야 할 것입니다. 앞으로 머신러닝과 딥러닝이 어떻게 발전하고, 우리 사회에 어떤 영향을 미칠지 주목해야 할 때입니다.

특징	머신러닝	딥러닝
정의	데이터를 기반으로 패턴을 인식하고 의사결정을 내리는 알고리즘	인공신경망을 깊게 쌓아 만든 심층 신경망을 사용하는 머신러닝
특징 추출	주로 수동으로 특징을 설계	자동으로 특징을 추출
데이터 요구량	상대적으로 적은 양의 데이터로도 작동 가능	대량의 데이터 필요
컴퓨팅 파워	상대적으로 적은 컴퓨팅 파워로 작동 가능	많은 컴퓨팅 파워 필요
모델 복잡성	상대적으로 단순	매우 복잡
해석 가능성	대체로 해석 가능	'블랙박스문제'로 해석에 어려움
적용 분야	구조화된 데이터 분석, 예측 모델링 등	이미지 인식, 자연어 처리, 음성 인식 등
주요 알고리즘	선형회귀, 로지스틱 회귀, 의사결정 트리, SVM 등	CNN, RNN, LSTM, Transformaer 등
학습유형	지도학습, 비지도학습, 강화학습	주로 비지도학습에서 탁월한 성능
성능	구조화된 데이터에서 우수	비정형 데이터에서 탁월한 성능
발전 시기	1950년대부터 발전	2010년대 이후 급속히 발전
주요 과제	특징 엔지니어링, 모델 선택	과적합, 학습시간, 해석 가능성
에너지 효율성	상대적으로 높음	낮음(대규모 모델의 경우)
최근 트랜드	자동화된 머신러닝(AutoML), 설명 가능한 AI	전이학습, 메타러닝, 적대적 생성 신경망(GNN)

3.7. 최신 AI기술 : LLM과 생성형 AI로 인한 창발성의 정복

최신 AI기술에 대한 본격적인 이야기를 시작하기 전에 먼저 한가지 고백을 해야 할 것 같습니다. 최근의 AI기술은 광범위한 분야에 걸쳐서 너무나 빨리 발전하고 있고, 하루가 멀다하고 새로운 서비스가 출시되고 있기 때문에 이 책을 쓰고있는 2024년 7월 현재의 상황으로 집필된 내용이 1년 후, 2년 후에는 먼 과거의 이야기가 되어 버릴 것이 거의 확실시 됩니다. 따라서 AI분야의 발전상황을 다루는데 있어서 분명한 한계가 있다는 점을 미리 말씀드리고 내용을 시작하겠습니다.

최근 AI 기술의 최전선에 있는 것은 단연 '대규모 언어 모델(LLM:Large Language Model, LLM)'과 '생성형 AI'입니다. 이들 기술은 AI의 능력을 한 단계 끌어올리며, 인간의 고유 영역으로 여겨졌던 창의성의 영역까지 넘보고 있습니다.

먼저 LLM의 발전과 특징에 대해서 알아보겠습니다. LLM은 방대한 규모의 텍스트 데이터로 학습한 언어모델로, 통계적 패턴을 파악해 인간과 유사한 자연어 처리 능력을 보여줍니다. GPT(Generative Pre-trained Transformer) 시리즈가 대표적인 예로, [28]트랜스포머(Transformer) 아키텍처를 기반으로 사전학습된 모델입니다.

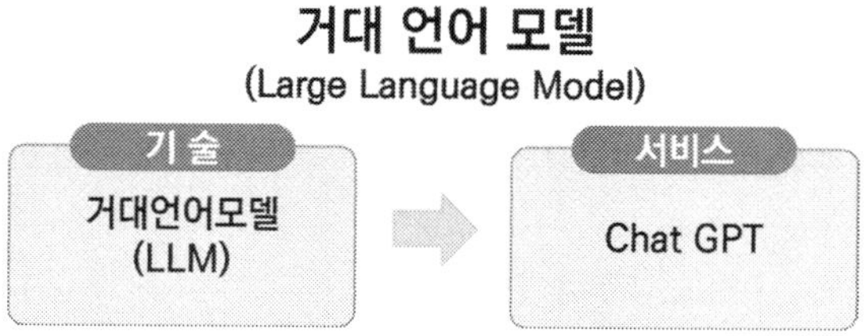

28) 트랜스포머(Transformer)는 자연어 처리(NLP) 분야에서 혁신적인 성능을 발휘한 딥러닝 모델로, 기존의 순환 신경망(RNN)이나 합성곱 신경망(CNN)과 달리, 시퀀스(순차 데이터) 처리에서 매우 효율적인 구조를 가지고 있다. 트랜스포머는 특히 병렬 처리 능력이 뛰어나며, 번역, 요약, 질의 응답 등 다양한 NLP 작업에서 매우 높은 성능을 보여주고 있다.

트랜스포머 아키텍처의 핵심적인 특징은 '자기 주의(Self-Attention)' 메커니즘입니다. 이 메커니즘을 통해 모델은 입력된 텍스트의 각 부분이 다른 부분과 어떻게 연관되는지를 효과적으로 파악할 수 있습니다. 이로 인해 LLM은 문맥을 깊이 이해하고, 문맥 간의 연관성을 포착할 수 있게 되었습니다. 결과적으로, 이전의 모델들과는 달리 긴 대화나 복잡한 맥락을 요구하는 작업에서도 일관성 있고 적절한 응답을 생성할 수 있게 되었습니다.

이러한 맥락 이해 능력은 단순한 질의응답을 넘어 복잡한 추론, 다단계 작업 수행, 심지어 창의적인 글쓰기까지 가능하게 만들었습니다. 예를 들어, 사용자와의 대화에서 이전에 언급된 정보를 기억하고 활용할 수 있으며, 주어진 지시사항을 단계별로 수행하거나 복잡한 문제를 해결하는 과정을 설명할 수 있습니다. 이는 AI와의 상호작용을 더욱 자연스럽고 인간적으로 만들어, 다양한 분야에서 AI의 활용 가능성을 크게 확장시켰습니다.

GPT-3는 1750억 개의 파라미터를 가진 모델로, 다양한 자연어 처리 태스크에서 놀라운 성능을 보여주며 LLM 기반 생성형 AI 대중화의 문을 열었습니다. 이후 공개된 GPT-4는 더욱 향상된 성능을 자랑하며, 멀티모달 학습까지 진화하였습니다. 그리고 2024년 7월 현재 GPT-4 터보를 거쳐 GPT-4o (GPT-4 omni)까지 짧은 시간에 진화를 거듭해 왔습니다.

LLM의 핵심 특징은 [29]'전이 학습(Transfer Learning)' 능력입니다. 대규모 데이터로 사전 학습된 모델을 특정 태스크에 맞게 미세조정(Fine-tuning)하는 것만

29) 전이 학습(Transfer Learning)은 한 작업에서 학습한 지식을 다른 관련 작업에 적용하는 머신러닝 기법을 의미한다.

으로도 높은 성능을 달성할 수 있습니다. 이는 기존의 태스크별 모델 개발 방식에 비해 훨씬 효율적이고 유연한 접근법입니다. 더불어, 이러한 전이 학습 능력은 모델이 다양한 맥락과 응용분야에 빠르게 적응할 수 있게 해, 광범위한 응용영역에서 활용될 수 있는 기반을 마련했습니다.

생성형 AI의 혁명

생성형 AI는 데이터로부터 학습한 패턴을 기반으로 새로운 콘텐츠를 생성해내는 AI 기술을 말합니다. 이는 단순히 기존 데이터를 재조합하는 것이 아니라, 학습한 패턴을 바탕으로 완전히 새로운 콘텐츠를 만들어내는 능력을 의미합니다. 최근 이 분야는 급속도로 발전하여 다양한 형태의 콘텐츠 생성이 가능해졌습니다.

텍스트 생성은 생성형 AI의 가장 기본적인 형태입니다. GPT-4o와 같은 최신 모델은 주어진 프롬프트를 바탕으로 인간이 쓴 것과 구별하기 어려운 수준의 텍스트를 생성할 수 있습니다. 이는 창작 글쓰기, 코드 작성, 번역 등 다양한 분야에서 활용되고 있으며, 최근에는 법률, 의료 등 전문 분야에 특화된 모델들도 개발되고 있습니다.

이미지 생성 AI도 큰 주목을 받고 있습니다. 달이 3(DALL-E 3), 미드저니(Midjourney), 스테이블디퓨전(Stable Diffusion) 등의 모델은 텍스트 설명을 바탕으로 놀라운 수준의 이미지를 생성합니다. 특히 스테이블디퓨전 XL과 같은 최신 모델은 더욱 정교하고 사실적인 이미지 생성이 가능해졌습니다. 이들 모델은 예술 창작, 디자인, 광고, 게임 개발 등 다양한 분야에서 활용되고 있으며, 창의적 표현의 새로운 지평을 열고 있습니다.

음악 생성 AI도 빠르게 발전하고 있습니다. 오픈AI(OpenAI)의 쥬크박스(Jukebox)나 구글의 뮤직엘엠(MusicLM)과 같은 모델은 다양한 장르와 스타일의 음악을 생성할 수 있습니다. 최근에는 수노AI(Suno AI)가 사용자 친화적인 인터페이스로 대중적인 음악 생성 AI로 각광받고 있습니다. 수노AI는 텍스트 프롬프트만으로 가사, 멜로디, 보컬이 포함된 완성도 높은 음악을 생성할 수 있어, 작곡가들에게 새로운 영감을 제공하고 음악 산업에 혁신을 가져올 것으로 기대됩니다.

비디오 생성 AI는 최근 가장 주목할 만한 발전을 이루었습니다. 오픈AI의 소라(Sora)는 이 분야에 혁명적인 변화를 가져왔습니다. 소라는 텍스트 설명을 바탕으로 최대 1분 길이의 고품질 비디오를 생성할 수 있으며, 물리 법칙을 이해하고 복잡한 장면을 구성할 수 있습니다. 이는 기존의 메타의 메이커비디오(Make-A-Video)나 구글의 페나키(Phenaki)와 같은 모델이 짧은 클립만을 생성하던 한계를 크게 뛰어넘은 것입니다.

런웨이(Runway)의 젠-3(Gen-3)도 이 분야에서 주목할 만한 성과를 보여주고 있습니다. 젠-3는 텍스트 프롬프트를 기반으로 유료 사용자를 대상으로 고품질의 영상을 생성하고, 장면마다의 요소와 장면 전환을 세밀하게 제어하는 기능까지 제공합니다. 또한 중국의 '콰이쇼우(Kuaishou)'라는 기업에서 공개한 비디오 생성 AI 모델인 클링(Kling)도 있습니다. 클링은 소라가 대략 1분 길이의 영상을 제작할 수 있는 데에 반해, 최대 2분 길이, 1080p 해상도의 영상을 생성할 수 있습니다. 게다가, 복잡한 운동과 실제 세계의 물리적 특성을 효과적으로 시뮬레이션해서 영상을 생성해냅니다.

이처럼 소라, 젠-3, 클링과 같은 고품질의 Text-To-Video모델이 출시됨에 따라 영화 제작, 광고, 교육, 소셜 미디어 컨텐츠 제작 등 다양한 분야에 혁명적인 변화가 예상됩니다.

3D 모델 및 가상 환경 생성 기술도 빠르게 발전하고 있습니다. 엔비디아의 겟3D(GET3D)는 2D 이미지로부터 3D 모델을 생성할 수 있으며, 구글의 인피니트 네이쳐(Infinite Nature)는 단일 이미지로부터 가상의 3D 자연환경을 생성할 수 있습니다. 이러한 기술은 게임 개발, 가상 현실(VR), 증강 현실(AR) 콘텐츠 제작, 메타버스 산업 발전에 큰 영향을 미칠 것으로 예상됩니다.

그러나 생성형 AI의 급속한 발전은 저작권, 개인정보 보호, 딥페이크 등의 윤리적, 법적 문제를 제기하고 있습니다. AI 생성 콘텐츠의 진위 여부를 판별하는 기술과 정책의 중요성이 더욱 커지고 있으며, 이에 대한 사회적 논의와 대책 마련이 시급합니다.

생성형 AI는 창의적 표현의 새로운 지평을 열고 다양한 산업 분야에 혁신을 가져오고 있습니다. 앞으로 이 기술은 더욱 정교해지고 다양한 분야로 확장될 것으로 예상되며, 이에 따른 기회와 도전에 대비해야 할 것입니다. 생성형 AI의 발전이 가져올 미래를 주목하고, 이를 어떻게 활용하고 관리할 것인지에 대한 지속적인 고민과 논의가 필요한 시점입니다.

멀티모달

멀티모달(Multimodal) AI는 생성형 AI 기술을 한 단계 더 발전시킨 형태로, 텍스트, 이미지, 음성, 비디오 등 여러 종류의 데이터를 동시에 처리하고 이해할 수 있는 AI 모델을 말합니다. 이러한 기술은 AI가 인간의 복합적인 인지능력에 더 가까워지는 중요한 진전을 나타냅니다.

GPT-4V(GPT-4 with Vision)는 멀티모달 AI의 대표적인 예입니다. 오픈AI에서 개발한 이 모델은 텍스트와 이미지를 동시에 입력으로 받아 처리할 수 있습니다. GPT-4V는 이미지를 이해하고 분석하여 이에 대한 상세한 설명을 텍스트로 제공할 수 있으며, 이미지 내용에 기반한 질문에 답변할 수도 있습니다. 이러한 능력은 시각 장애인을 위한 이미지 설명, 의료 영상 분석, 보안 시스템, 교육 자료 생성 등 다양한 분야에서 혁신적으로 활용될 수 있습니다.

구글의 팜-E(PaLM-E:Embodied PaLM)는 언어모델과 로봇제어를 결합한 멀티모달 AI의 또 다른 주목할 만한 예입니다. 이 모델은 자연어 명령을 이해하고 실제 물리적 환경에서 로봇을 제어할 수 있습니다. 팜-E는 AI가 가상 환경에서의 언어 처리를 넘어 실제 세계와 직접적으로 상호작용할 수 있는 능력을 보여주며, 이는 로봇공학과 자동화 분야에 큰 영향을 미칠 것으로 예상됩니다.

엔비디아의 가우간2(GauGAN2)는 텍스트 설명이나 간단한 스케치를 바탕으로 실제 사진 같은 이미지를 생성하는 멀티모달 AI입니다. 이 기술은 건축, 게임 디자인, 영화 제작 등 창의적인 분야에서 혁신적인 도구로 활용되고 있으며, 아이디어를 빠르게 시각화하는 데 큰 도움을 주고 있습니다.

최근의 멀티모달 AI 발전은 더욱 통합적이고 유연한 모델들을 선보이고 있습니다. 오픈AI의 클립(CLIP:Contrastive Language-Image Pre-training)은 이미지와 텍스트를 동시에 이해하고, 이미지 검색, 이미지 분류 등의 작업을 효과적으로 수행할 수 있습니다. 클립의 범용적인 이해 능력은 다양한 시각적 태스크에 적용될 수 있어 컴퓨터 비전 분야에 큰 영향을 미치고 있습니다.

달이3는 오픈AI의 최신 이미지 생성 모델로, GPT-4와 통합되어 더욱 정교한 텍스트 프롬프트 해석과 이미지 생성이 가능해졌습니다. 이 모델은 복잡한 개념과 장면을 정확하게 시각화할 수 있어, 아티스트와 디자이너들에게 강력한 창작 도구가 되고 있습니다.

딥마인드(DeepMind)의 플라밍고(Flamingo)는 이미지, 비디오, 텍스트를 통합적으로 이해하고 처리할 수 있습니다. 특히 퓨샷(few-shot) 학습 능력이 뛰어나 적은 데이터로도 새로운 작업을 효과적으로 수행할 수 있어, 데이터가 제한적인 상황에서도 유용하게 활용될 수 있습니다.

마이크로소프트의 코스모스2(KOSMOS-2)는 텍스트, 이미지, 음성을 통합적으로 처리할 수 있으며, 특히 이미지 내 객체에 대한 지시적 이해가 가능합니다. 이러한 능력은 시각적 질의응답, 이미지 분할, 객체 인식 등의 작업에서 높은 성능을 보여줍니다.

라바(LLaVA:Large Language and Vision Assistant)는 비전 모델과 대규모 언어 모델을 결합한 오픈소스 프로젝트로, GPT-4V에 필적하는 성능을 보이면서도 더 가볍고 접근성이 높습니다. 라바는 연구자들과 개발자들이 멀티모달 AI를 더 쉽게 실험하고 응용할 수 있게 해주어, 이 분야의 혁신을 가속화하고 있습니다.

이러한 최신 멀티모달 AI 모델들은 인간의 복합적인 인지능력에 더욱 가까워지고 있으며, 실제 세계의 복잡한 문제를 해결하는 데 점점 더 유용하게 활용되고 있습니다. 멀티모달 AI의 발전은 교육, 의료, 로봇공학, 창의 산업, 고객 서비스 등 다양한 분야에서 혁신을 이끌고 있으며, 인간-AI 상호작용을 더욱 자연스럽고 효과적으로 만들고 있습니다.

그러나 이러한 발전과 함께 데이터 프라이버시, 편향성, 윤리적 사용 등의 문제도 중요하게 대두되고 있습니다. 따라서 멀티모달 AI의 책임 있는 개발과 사용, 그리고 이에 대한 적절한 규제와 가이드라인 마련이 앞으로의 중요한 과제가 될 것입니다. 멀티모달 AI는 앞으로도 계속해서 발전하며, 우리의 일상과 산업 전반에 더 깊이 통합될 것으로 예상됩니다.

생성형 AI의 양면성

LLM, 생성형 AI, 그리고 멀티모달 AI의 급속한 발전은 창의성의 본질과 인간의 역할에 대한 근본적인 질문을 제기하고 있습니다. AI가 예술 작품 생성, 음악 작곡, 시 창작 등 다양한 창의적 활동에서 놀라운 성과를 보이면서, '창의성'의 정의와 그 고유성에 대한 재고가 필요해졌습니다.

AI의 창의적 능력은 인간의 창의성을 대체할 위협으로 볼 수도 있지만, 동시에 이를 보완하고 확장하는 도구로 활용할 가능성도 큽니다. 예를 들어, 작곡가는 AI를 통해 새로운 음악적 아이디어를 탐색하고, 디자이너는 AI가 제안한 다양한 옵션을 바탕으로 혁신적인 디자인을 창출할 수 있습니다. 이는 인간과 AI의 협업이 만들어내는 시너지 효과로, 기존에 상상하지 못했던 새로운 형태의 예술과 문제 해결 방식을 탄생시킬 수 있습니다.

생성형 AI는 창의적 프로세스를 근본적으로 변화시킬 잠재력을 가지고 있습니다. 영화 제작에서 AI는 스크립트 작성부터 특수효과 생성까지 다양한 단계에 참여할 수 있어, 창작 과정을 효율화하고 더 많은 아이디어를 실험할 수 있게 합니다. 교육 분야에서는 학생 개개인에 맞춘 교육 자료 생성이 가능해져, 학습 효과를 극대화할 수 있습니다. 비즈니스 영역에서도 제품 디자인, 마케팅 전략 수립 등에 AI가 활용되어 새로운 시각과 아이디어를 제공할 수 있습니다.

그러나 이러한 발전은 새로운 도전과제도 함께 가져옵니다. AI가 생성한 창작물의 저작권 문제, AI 창작 과정에서의 편향성, 윤리적 고려사항 등이 주요 쟁점으로 떠오르고 있습니다. AI가 생성한 예술 작품의 저작권 귀속 문제, AI의 기존 예술가 스타일 모방에 대한 윤리적 논란 등은 시급히 해결해야 할 과제입니다.

또한, AI의 창의성 증진이 인간의 창의성 발달을 저해할 수 있다는 우려도 있습니다. AI에 과도하게 의존하면 인간의 고유한 창의적 능력이 퇴화할 수 있다는 점, 그리고 AI가 제안하는 옵션들에 의해 인간의 사고가 제한될 수 있다는 점 등이 지적됩니다.

반면, AI의 발전으로 인해 인간은 더 높은 수준의 창의성, 즉 전략적 사고, 감정적 공감, 윤리적 판단 등에 집중할 수 있게 될 것이라는 전망도 있습니다. AI가 반복적이고 기계적인 작업을 대신함으로써, 인간은 더 깊이 있는 사고와 혁신적인 아이디어 창출에 시간을 투자할 수 있게 될 것입니다.

결국, AI와 창의성의 관계는 양날의 검과 같습니다. AI는 인간의 창의성을 증폭시키고 새로운 가능성을 열어줄 수 있지만, 동시에 인간의 고유한 창의적 영역을 침범할 수 있는 위험도 존재합니다. 따라서 우리는 AI의 발전을 주시하면서, 인간과 AI의 협력 모델을 어떻게 구축할 것인지, 그리고 AI 시대에 인간의 창의성을 어떻게 정의하고 발전시킬 것인지에 대해 지속적으로 고민하고 논의해야 할 것입니다.

3.8. AI 응용 분야 : "There's AI for that"

인공지능(AI) 기술은 이제 우리 삶의 거의 모든 영역에 침투하고 있습니다. 의료, 금융, 환경, 법률 등 다양한 분야에서 AI는 혁명적인 변화를 일으키고 있으며, 이는 우리 사회의 근본적인 변화를 야기하고 있습니다. 이 섹션에서는 AI가 각 분야에 어떻게 적용되고 있으며, 어떤 변화를 가져오고 있는지 살펴보겠습니다.

의료 분야

AI 기술은 의료 분야에 혁명적인 변화를 가져오고 있습니다. 정밀 의료, 질병 진단, 신약 개발, 단백질 구조 예측 등 다양한 영역에서 AI의 활용이 급속도로 확대되고 있습니다.

의료 영상 분석 분야에서 AI는 괄목할 만한 진전을 이루고 있습니다. X-ray, CT, MRI 등의 의료 영상을 분석하여 질병을 진단하는 데 AI가 큰 도움을 주고 있습니다. 예를 들어, 구글의 딥마인드는 유방암 조기 진단에서 인간 의사보다 더 높은 정확도를 보여주었습니다. 최근에는 AI가 폐암, 뇌종양, 망막 질환 등 다양한 질병의 진단에서도 뛰어난 성과를 보이고 있습니다.

개인 맞춤형 치료 분야에서 AI의 역할이 더욱 중요해지고 있습니다. AI는 환자의 유전체 정보, 생활 습관, 의료 기록 등을 종합적으로 분석하여 개인별 최적화된 치료법을 제안할 수 있습니다. 특히 암 치료 분야에서 IBM의 '왓슨 포 온콜로지(Watson for Oncology)'와 같은 AI 시스템은 방대한 의학 문헌과 임상 데이터를 분석하여 개별 환자에게 가장 적합한 치료법을 제시합니다. 더 나아가, AI는 약물 상호작용과 부작용 예측에도 활용되어 치료의 안전성을 높이고 있습니다.

신약 개발 분야에서 AI의 활용은 더욱 혁신적입니다. 영국의 스타트업 엑스사이엔시아(Exscientia)는 AI를 활용하여 강박장애 치료제를 개발하는 데 불과 12개월밖에 걸리지 않았습니다. 이는 기존의 신약 개발 기간이 평균 4-5년이었던 것에 비해 획기적인 진전입니다. 또한, 딥마인드의 알파폴드(AlphaFold)는 단백질 구조예측 분야에서 혁명을 일으켰습니다. 알파폴드는 인간 단백질의 거의 모든 구조를 예측하는 데 성공했으며, 이는 신약 개발과 질병 이해에 큰 돌파구가 되고 있습니다.

COVID-19 팬데믹 이후 원격 의료의 중요성이 더욱 부각되었고, 이 분야에서도 AI가 중요한 역할을 하고 있습니다. AI 챗봇은 초기 진단과 상담을 제공하며, 원격 모니터링 시스템은 만성 질환자의 상태를 지속적으로 관찰합니다. 최근에는 AI를 활용한 음성 분석 기술이 발전하여 음성만으로도 COVID-19 감염 여부를 판별하는 연구가 진행되고 있습니다.

그러나 의료 분야의 AI 활용에는 여전히 도전 과제가 존재합니다. 개인 의료 데이터의 프라이버시 보호, AI 진단의 정확성과 신뢰성 확보, 의료진과 AI의 협력 모델 구축 등이 해결해야 할 과제로 남아있습니다. 또한, AI 모델의 편향성 문제와 윤리적 사용에 대한 논의도 계속되고 있습니다.

결론적으로, AI는 의료 분야에 혁명적인 변화를 가져오고 있으며, 앞으로도 더 많은 혁신과 발전이 예상됩니다. 정밀 의료, 신약 개발, 질병 예방 등 다양한 영역에서 AI의 활용이 확대됨에 따라, 의료 서비스의 질과 효율성이 크게 향상될 것으로 기대됩니다.

금융 분야

인공지능(AI) 기술은 금융 산업에 혁명적인 변화를 가져오고 있습니다. 리스크 관리, 투자 전략, 고객 서비스 등 다양한 영역에서 AI의 활용이 확대되면서 금융 서비스의 효율성과 정확성이 크게 향상되고 있습니다. 이러한 변화는 금융 기관들이 더 신속하고 정확한 의사결정을 내리는 데 도움을 주며, 궁극적으로 고객들에게 더 나은 서비스를 제공할 수 있게 합니다.

리스크 관리 분야에서도 AI가 활용되고 있습니다. 세계 최대의 자산 운용사 중 하나인 블랙록(BlackRock)의 알라딘(Aladdin) 플랫폼은 AI를 활용하여 2023년 기준으로 약 21조 달러 이상의 자산에 대한 리스크를 모니터링하고 있습니다. 이러한 AI 시스템들은 금융 기관들이 복잡한 시장 환경에서 더욱 효과적으로 리스크를 관리할 수 있게 해줍니다.

투자 분야에서도 AI 기반의 알고리즘 트레이딩은 금융 시장에 큰 영향을 미치고 있습니다. 많은 헤지펀드와 투자 회사들이 AI를 활용하여 복잡한 시장 패턴을 분석하고 예측하고 있습니다. 예를 들어, 르네상스 테크놀로지(Renaissance Technologies)의 메달리온 펀드(Medallion Fund)는 AI 알고리즘을 사용하여 높은 수익률을 기록하고 있습니다. 정확한 수치는 공개되지 않았지만, 여러 보고서에 따르면 약 39% ~ 71% 사이의 연간 수익률을 달성한 것으로 추정됩니다. 또 다른 예로, 투시그마 인베스트먼트(Two Sigma Investments)는 머신러닝과 분산 컴퓨팅을 활용하여 2022년 기준으로 약 580억 달러의 자산을 운용하고 있습니다. 이러한 AI 기반 투자 전략들은 전통적인 투자 방식을 넘어서는 성과를 보여주고 있습니다.

개인화된 금융 서비스 제공에도 AI가 크게 기여하고 있습니다. AI는 고객의 재무 상황, 투자 성향, 위험 선호도 등을 분석하여 맞춤형 금융 상품과 서비스를 제공합니다. 로보 어드바이저(Robo-Advisor)는 이러한 AI 기술의 대표적인 응용 사례입니다. 예를 들어, 웰스 프론트(Wealth front)는 AI를 활용하여 개인 투자자들에게 자동화된 포트폴리오 관리 서비스를 제공합니다. 또 다른 예로, 베터먼트(Betterment)는 2023년 기준으로 약 340억 달러의 자산을 관리하고 있으며, AI를 활용하여 세금 손실 수확(Tax-loss harvesting)과 같은 고급 투자 전략을 자동화하고 있습니다. 이러한 서비스들은 전문적인 투자 관리를 보다 많은 사람들이 접근할 수 있게 만들어, 금융 서비스의 민주화에 기여하고 있다고도 해석할 수 있습니다. 금융 사기 탐지 분야에서도 AI의 역할이 날로 중요해지고 있습니다. AI는 방대한 양의 거래 데이터를 실시간으로 분석하여 이상 징후를 감지하고, 잠재적인 사기를 예방합니다. 비자(Visa)의 경우, AI 기반 사기 탐지 시스템을 통해 연간 250억 달러의 사기 거래를 방지하고 있습니다. 이는 금융 시스템의 안정성과 신뢰성을 높이는 데 크게 기여하고 있습니다. 마스터카드(Mastercard) 또한 AI와 머신러닝을 활용한 디시전 인텔리전스(Decision Intelligence) 기술을 통해 실시간으로 거래를 분석하고 있으며, 2022년 기준으로 [30]거짓양성(false positive) 알림을 50% 이상 감소시켰습니다. 이는 고객 경험을 개선하면서도 실제 사기를 더 효과적으로 탐지할 수 있게 해줍니다.

그러나 금융 분야의 AI 활용에는 여전히 해결해야 할 과제들이 있습니다. AI의 의사결정 과정의 불투명성(블랙박스 문제), 알고리즘 편향성, 데이터 프라이버시 등이 주요 이슈로 떠오르고 있습니다. 이러한 문제들을 해결하기 위해서는 기술적 혁신뿐만 아니라 적절한 규제와 윤리적 가이드라인의 수립이 필요합니다. 금융 규제 기관들도 이러한 변화에 대응하고 있습니다. 예를 들어, 미국 증권거래위원회(SEC)는 AI와 머신러닝을 사용하여 시장 조작과 내부자 거래를 탐지하는 시스템을 개발하고 있습니다. 이는 AI가 금융 시장의 공정성과 투명성을 높이는 데에도 기여할 수 있음을 보여줍니다.

결론적으로, AI는 금융 산업의 모든 영역에서 혁신을 주도하고 있으며, 더욱 효율적이고 정확한 금융 서비스를 가능하게 하고 있습니다. 리스크 관리의 정확성

30) 거짓양성(False Positive)은 금융 분야에서 실제로는 사기나 불법 행위가 아닌데도 불구하고, 이를 사기로 잘못 감지하거나 판단하는 경우를 의미한다.

향상, 투자 전략의 고도화, 개인화된 금융 서비스 제공, 그리고 더욱 강력한 금융 사기 방지 등 AI의 영향은 광범위합니다. 그러나 이러한 기술의 도입과 함께 발생하는 윤리적, 법적 문제들에 대한 신중한 접근도 필요합니다. 앞으로 AI 기술이 더욱 발전함에 따라, 금융 산업은 더욱 혁신적이고 포용적인 방향으로 진화할 것으로 전망됩니다. 이러한 변화는 궁극적으로 더 안전하고, 효율적이며, 접근성 높은 금융 서비스를 만들어낼 것으로 기대됩니다.

환경 분야

AI는 기후 변화 대응, 에너지 효율화, 생태계 보존 등 환경 문제 해결을 위한 강력한 도구로 주목받고 있습니다. 다양한 분야에서 AI의 활용이 확대되면서, 환경 보호와 지속가능한 발전에 실질적인 기여를 하고 있습니다.

기후 변화 예측 및 대응 분야에서 AI는 중요한 역할을 하고 있습니다. 예를 들어, 딥마인드의 그래프 케스트(GraphCast) 모델은 기존의 슈퍼컴퓨터 기반 예측 모델보다 평균적으로 10% 더 정확한 기상 예측을 제공하며, 특히 극한 기상 현상 예측에서 우수한 성능을 보였습니다. 이러한 정확한 예측은 기후 변화 대응 정책 수립에 큰 도움이 되고 있습니다.

에너지 효율화 분야에서도 AI의 활용이 두드러집니다. 구글은 딥마인드 AI를 활용하여 데이터 센터의 냉각 시스템을 최적화함으로써 에너지 사용량을 40% 감소시켰습니다. 더 나아가, 2023년 구글은 AI를 활용하여 데이터 센터의 [31]'전력

31) 전력 사용 효율성(Power Usage Effectiveness, PUE)은 데이터 센터의 에너지 효율성을 측정하는 지표로, 데이터 센터에서 소비되는 총 전력량을 IT 장비에 사용되는 전력량으로 나눈 값으로 정의한다.

사용 효율성(PUE:Power Usage Effectiveness)'을 1.1까지 낮추는데 성공했는데, 이는 업계 평균인 1.58보다 훨씬 낮은 수준입니다. 이와 같은 AI 기술은 산업 전반의 에너지 효율을 크게 개선할 수 있어, 지속가능한 발전에 기여할 것으로 기대됩니다.

생태계 모니터링 분야에서도 AI가 중요한 역할을 하고 있습니다. 레인포레스트 커넥션(Rainforest Connection)의 AI 시스템은 열대 우림 보호에 기여하고 있습니다. 이 시스템은 음향 센서를 사용하여 불법 벌목 소리를 실시간으로 감지하고, 이 정보를 당국에 신속하게 전달합니다. 이를 통해 환경 보호 활동의 효율성이 크게 높아지고 있습니다.

재생에너지 분야에서도 AI의 역할이 점점 더 중요해지고 있습니다. GE 리뉴어블 에너지(Renewable Energy)는 AI를 활용한 '디지털 윈드 팜(Digital Wind Farm)' 기술을 통해 풍력 터빈의 에너지 생산량을 최대 20% 증가시킬 수 있다고 보고했습니다. 또한, 테슬라의 오토비더AI(Autobidder AI) 시스템은 대규모 배터리 저장 시설의 효율적인 운영을 통해 재생에너지의 전력망 통합을 개선하고 있습니다.

환경 연구 및 보존 노력을 지원하는 AI 프로젝트도 주목할 만합니다. 마이크로소프트의 '지구를 위한 AI(AI for Earth)' 프로그램은 기후 변화, 농업, 생물다양성, 물 자원 관리 등의 분야에서 AI 기술을 활용한 프로젝트들을 지원하고 있습니다. 이 프로그램의 지원을 받은 아이네추럴프로젝트(iNaturalist Project)는 AI를 활용해 사용자가 업로드한 동식물 사진을 자동으로 식별하여 생물다양성 연구에 기여하고 있습니다.

그러나 AI 기술의 환경적 영향에 대한 우려도 존재합니다. 특히 대규모 AI 모델 학습에 필요한 에너지 소비량이 상당하다는 점이 지적되고 있습니다. 2023년 연구에 따르면, GPT-3와 같은 대규모 언어 모델 하나를 학습시키는데 약 1,287 MWh의 전력이 소비되며, 이는 미국 가정 한 곳이 117년 동안 사용할 수 있는 양입니다. 그리고 더욱 거대한 대규모 언어모델들이 다수 출현하고 있는 상황을 고려할 때, 이러한 현상은 더욱 심화 될 것으로 예측됩니다. 이러한 에너지 소비 문제, 그리고 환경 데이터의 품질과 접근성 문제 등이 해결해야 할 과제로 남아있습니다.

결론적으로, AI는 환경 지속가능성을 위한 강력한 도구로 그 잠재력을 입증하고 있습니다. 기후 변화 예측, 에너지 효율화, 생태계 보존, 재생에너지 최적화 등 다양한 분야에서 AI의 활용이 확대되고 있으며, 이는 우리가 직면한 환경 문제들에 대한 혁신적인 해결책을 제시하고 있습니다. 그러나 AI 기술 자체의 환경 영향을 최소화하는 노력도 함께 이루어져야 할 것입니다. 앞으로 AI 기술이 더욱 발전하고 환경 분야에 광범위하게 적용됨에 따라, 지속가능한 미래를 향한 우리의 노력이 더욱 가속화될 것으로 기대됩니다.

법률 분야

AI 기술은 법률 서비스의 효율성을 높이고 있지만, 동시에 새로운 법적 문제들을 제기하고 있습니다. 다양한 법률 분야에서 AI의 활용이 확대되면서, 법률 서비스의 제공 방식과 법적 문제에 대한 접근 방식이 변화하고 있습니다.

특히 법률 문서 검토 분야에서 AI의 활용이 두드러지고 있습니다. AI 기술은 방대한 양의 법률 문서를 빠르고 정확하게 분석할 수 있는 능력을 보여주고 있는 것이죠. 이러한 AI의 역량을 잘 보여주는 사례로 JP모건의 코인(COIN:Contract Intelligence) 시스템을 들 수 있습니다. 코인 시스템은 12,000개의 상업 대출 계약을 단 몇 시간 만에 검토할 수 있습니다. 이는 인간 변호사들이 수행했다면 약 36만 시간이 소요될 작업량입니다. 이러한 AI 시스템의 도입으로 법률 문서 검토 과정의 효율성이 크게 향상되었으며, 이는 법률 서비스 전반의 생산성 증대로 이어지고 있습니다.

판례 분석 및 예측 분야에서도 AI가 활용되고 있습니다. AI가 과거의 판례를 분석하여 소송의 결과를 예측할 수 있는 것이죠. 프랑스의 케이스 로우 애널리틱스(Case Law Analytics)는 AI를 사용하여 법원 판결을 예측하는 서비스를 제공합니다. 이는 법률 전문가들이 더 나은 전략을 수립하는 데 도움을 주고 있습니다. 추가적인 사례로, 미국의 렉스 마키나(Lex Machina)는 AI를 활용하여 지적재산권 소송의 결과를 예측하고 있으며, 이는 기업들의 특허 전략 수립에 중요한 역할을 하고 있습니다.

계약서 작성 및 검토 분야에서도 AI의 활용이 늘고 있습니다. 로지크스(LawGeex)와 같은 AI 시스템은 계약서를 검토하고 잠재적인 문제를 식별합니다. 실제로 로지크스 AI는 20명의 경험 많은 미국 변호사들과의 계약서 검토 대결에서 더 높은 정확도(94% vs 85%)와 빠른 속도(26초 vs 92분)를 보여주었습니다.

이는 법률 서비스의 접근성을 높이고 비용을 절감하는 데 기여하고 있다고 할수 있는 것이죠.

법률 자문 분야에서도 AI의 역할이 커지고 있습니다. AI 챗봇은 기본적인 법률 상담을 제공할 수 있습니다. 두낫페이(DoNotPay)는 주차 티켓 이의 제기, 소액 청구 소송 등을 도와주는 AI 법률 봇으로, 사용자들의 벌금과 수수료를 절감하는 데 도움을 주었습니다. 이는 일반 시민들의 법률 서비스 접근성을 높인다고 평가할 수 있습니다.

새로운 사례로, 로스 인텔리전스(ROSS Intelligence)는 AI를 활용한 법률 리서치 플랫폼으로, 자연어 처리 기술을 사용하여 변호사들이 관련 판례와 법규를 더 빠르고 정확하게 찾을 수 있도록 돕고 있습니다. 이 플랫폼은 특히 복잡한 법률문제에 대한 리서치 시간을 크게 단축시키는 것으로 보고되고 있습니다.

그러나 AI의 법률 분야 활용은 여러 새로운 법적 문제를 제기합니다. AI의 의사결정에 대한 책임 소재, AI 변호사의 법적 지위, AI가 생성한 법률 문서의 유효성 등이 주요 쟁점이 되는 것이죠. 실제로 2023년 미국에서는 AI가 작성한 법정 서류가 문제가 되어 변호사가 제재를 받은 사례가 있었습니다. 이는 AI의 법률 분야 활용에 대한 윤리적, 법적 가이드라인의 필요성을 더욱 부각시켰습니다.

또한, AI 기술 자체에 대한 규제도 중요한 법적 과제입니다. 앞써 설명한 EU의 AI Act는 AI 시스템을 위험도에 따라 분류하고 규제하는 세계 최초의 포괄적인 AI 법안으로, 2026년부터 전면 시행됩니다. 이 법안은 AI의 투명성, 안전성, 비차별성 등을 보장하기 위한 규정을 포함하고 있으며, 법률 분야의 AI 활용에도 큰 영향을 미칠 것으로 예상됩니다.

결론적으로, AI는 법률 서비스의 효율성과 접근성을 크게 향상시키고 있지만, 동시에 복잡한 법적, 윤리적 문제를 제기하고 있습니다. 이러한 문제들을 해결하기 위해서는 법학자, 기술 전문가, 정책 입안자들의 협력이 필요할 것입니다. 앞으로 AI 기술이 더욱 발전함에 따라, 법률 분야는 혁신과 규제 사이의 균형을 찾아가는 도전적인 과정을 겪게 될 것으로 보입니다.

3.9. AI시대, 교육과 일자리 : 어떻게 배우고, 무슨 일을 할까?

AI 기술의 급속한 발전은 우리 사회의 모든 영역에 변화를 가져오고 있으며, 특히 교육과 노동 시장에 큰 영향을 미치고 있습니다. 이러한 변화는 미래 인재 양성을 위한 새로운 교육 패러다임의 필요성을 제기하고 있으며, 동시에 일자리의 성격과 구조에도 근본적인 변화를 야기하고 있다고 할 수 있겠죠. 이 섹션에서는 AI 시대의 교육과 일자리의 미래에 대해 심도 있게 살펴보고, 이에 대한 대응 방안을 모색해 보고자 합니다.

AI 시대 교육 변화

AI 시대의 교육은 단순한 지식 전달을 넘어 변화하는 환경에 적응할 수 있는 능력을 키우는 데 초점을 맞추어야 합니다. 이를 위해 교육 시스템은 여러 가지 새로운 방향으로 나아가야 할 것입니다.

먼저 비판적 사고력과 창의성 강화가 필요합니다. AI가 정보 처리와 분석을 담당하게 되면서, 인간에게는 이를 바탕으로 새로운 아이디어를 창출하고 문제를 해결하는 능력이 더욱 중요해질 것입니다. 따라서 교육 과정에서 단순 암기보다는 문제 해결 중심의 학습이 강조되어야겠죠. 예를 들어, 프로젝트 기반 학습(PBL:Project Based Learning)이나 문제 중심 학습(PBL:Problem-Based-Learning)과 같은 교육 방법을 더욱 적극적으로 도입할 필요가 있습니다.

[32]감성지능(EI:Emotional Intelligence)과 [33]사회적 기술(Social Skills) 개발에도 주목해야 합니다. AI가 대체하기 어려운 인간 고유의 특성인 감성 지능과 대인관계 기술을 키우는 교육이 필요한거죠. 이는 팀 프로젝트, 토론 수업, 예술 교육 등을 통해 강화될 수 있습니다. 특히 협업 능력, 의사소통 능력, 공감 능력 등을 키우는 데 중점을 두어야 합니다.

다학제간 융합 교육의 중요성도 더욱 커지고 있습니다. AI 시대에는 복잡한 문제 해결 능력이 중요해지므로, 다양한 학문 분야를 융합한 교육이 강조되어야 합니다. 스팀(STEAM:Science, Technology, Engineering, Arts, Mathematics) 교육이 좋은 예가 될 수 있습니다. 이를 통해 학생들은 다양한 분야의 지식을 통합하여 문제를 해결하는 능력을 키울 수 있을 것입니다.

또한 [34]AI 리터러시(AI Literacy) 교육이 필수적입니다. AI의 기본 원리와 활용

---

32) 감성 지능(Emotional Intelligence, EI)은 자신의 감정뿐만 아니라 타인의 감정을 인식하고 이해하며, 이를 효과적으로 관리하고 조절하는 능력을 말하는 것으로, 감성 지능은 개인의 대인관계, 리더십, 의사소통 능력 등에 중요한 영향을 미치며, 현대 사회에서 매우 중요한 심리적 역량으로 간주된다.

33) 사회적 기술(Social Skills)은 다른 사람들과 효과적으로 상호작용하고 관계를 형성하며, 협력할 수 있는 능력을 의미한다.

34) AI 리터러시(AI Literacy)는 인공지능(AI)에 대한 기본적인 이해와 이를 일상 생활이나 업무에 효과적으로 활용할 수 있는 능력을 의미한다.

방법, 그리고 AI가 사회에 미치는 영향 등을 이해할 수 있는 교육이 필요한 것이죠. 이를 통해 학생들은 AI 시대에 적응하고 AI를 효과적으로 활용할 수 있는 능력을 갖출 수 있습니다. 더 나아가 AI 윤리에 대한 교육도 포함되어야 합니다. AI의 편향성, 프라이버시 문제, 의사결정의 투명성 등 AI와 관련된 윤리적 문제들을 이해하고 대응할 수 있는 능력을 키워야 합니다.

마지막으로 평생학습 역량 강화가 중요해질 것입니다. 빠르게 변화하는 기술과 사회에 적응하기 위해, 지속적으로 학습하고 자기 개발을 할 수 있는 능력을 키워야 하기 때문이죠. 이를 위해 학생들은 자기주도적 학습 능력과 학습에 대한 열정을 가지는 것이 매우 중요합니다. 또한 교육 기관은 졸업 후에도 지속적인 학습 기회를 제공하는 시스템을 구축해야 할 것입니다.

에듀테크를 활용한 교육 혁신

AI 시대에 에듀테크를 활용한 교육의 혁신도 주요한 트렌드로 자리잡고 있습니다. 이러한 혁신은 개인화된 학습, 실감형 교육, 교사 지원 시스템 등 다양한 형태로 나타나고 있습니다.

먼저, AI 기술을 활용한 개인화된 학습이 주목받고 있습니다. AI는 학습자 개개인의 특성과 진도에 맞는 맞춤형 교육을 제공할 수 있습니다. AI튜터는 학생의 학습 패턴을 분석하여 개별화된 학습 경로를 제시하고, 실시간으로 피드백을 제공함으로써 학습 효율성을 크게 높일 수 있습니다.

실제 사례로, 카네기 러닝(Carnegie Learning)의 매씨아(MATHia)는 AI를 활

용하여 학생들의 수학 학습을 개별화하고 있습니다. 이 시스템은 학생의 문제 해결 과정을 실시간으로 분석하여 개인별 맞춤 지도를 제공합니다. 또한 써드 스페이스 러닝(Third Space Learning)의 AI 튜터링 시스템도 주목할 만한 사례입니다. 이 시스템은 학생과 튜터 간의 일대일 온라인 세션을 AI로 분석하여 튜터에게 실시간 피드백을 제공합니다. 카네기 러닝의 매씨아와 써드 스페이스 러닝에서는 서비스를 사용한 학생들의 수학성적이 향상되었다고 발표하였습니다.

AI는 또한 교사들의 업무를 지원하는 데에도 활용되고 있습니다. 행정 업무 자동화, 학생 평가 보조, 수업 계획 수립 지원 등을 통해 교사들이 더 많은 시간을 학생들과의 상호작용에 할애할 수 있게 됩니다. 예를 들어, 센츄리 테크(Century Tech)의 AI 플랫폼은 학생들의 학습 데이터를 분석하여 교사들에게 개별 학생의 진행 상황과 개선이 필요한 영역에 대한 인사이트를 제공합니다.

그러나 에듀테크와 AI의 교육 분야 도입에는 몇 가지 과제도 존재합니다. 디지털 격차, 데이터 프라이버시 문제, AI 시스템의 편향성 등이 주요 우려 사항입니다. 또한, 기술이 인간 교사를 대체하는 것이 아니라 보완하는 역할을 해야 한다는 점도 강조되고 있습니다.

결론적으로, 에듀테크와 AI는 교육의 개인화, 몰입도 향상, 교사 지원 등 다양한 측면에서 혁신을 이끌고 있습니다. 이러한 기술의 효과적인 활용은 학습 효율성을 크게 높이고, 더 포용적이고 접근성 높은 교육 환경을 조성할 수 있습니다. 앞으로 이러한 기술이 더욱 발전하고 널리 도입됨에 따라, 교육의 미래는 더욱 개인화되고 효과적인 방향으로 진화할 것으로 전망됩니다.

일자리 변화와 교육적 대응

AI 시대의 도래는 일자리 시장에 전례 없는 변화를 가져오고 있습니다. 이 변화는 우려와 기회를 동시에 제공하며, 우리 사회 전반에 걸쳐 새로운 도전 과제를 던지고 있습니다. 맥킨지의 2023년 보고서에 따르면, 2030년까지 전 세계적으로 약 4억에서 8억 개의 일자리가 자동화로 인해 대체될 수 있다는 전망이 여전히 유효합니다. 이는 데이터 입력, 단순 계산, 조립 라인 작업 등 전통적으로 AI 대체 가능성이 높다고 여겨졌던 직종뿐만 아니라, 최근에는 더 복잡하고 창의적인 영역까지 그 영향이 확대되고 있음을 시사합니다.

특히 주목할 만한 변화는 창의성, 복잡한 문제 해결 능력이 필요한 직업 분야에서도 AI의 영향력이 커지고 있다는 점입니다. 오픈AI의 GPT-4 시리즈나 엔트로픽(Anthropic)의 클로드3.5(Claude 3.5 sonnet) 등은 복잡한 글쓰기와 코딩 작업을 수행할 수 있으며, 미드저니와 같은 AI 이미지 생성 도구는 시각 예술 분야에 변화를 가져오고 있습니다. 그러나 이는 이러한 직업들이 완전히 사라진다는 의미가 아니라, 인간과 AI의 협업 방식으로 변화할 것임을 시사합니다. 작가나 아티스트는 AI를 창의적인 도구로 활용하여 더 혁신적인 작품을 만들어낼 수 있으며, 감성지능이 필요한 직업에서도 AI는 데이터 분석과 패턴 인식을 통해 인간 전문가를 보조하는 역할을 할 수 있습니다.

동시에 AI 기술의 발전은 새로운 직업을 창출하고 있습니다. AI 윤리 전문가, 데이터 과학자, AI-인간 협업 전문가, 가상현실 디자이너 등이 주목받고 있으며, AI 편향성 감사관, AI 설명가능성 전문가 등 새로운 전문 영역도 등장하고 있습니다. 세계경제포럼의 '일의 미래 2023(The Future of Jobs Report 2023)'에 따르면, 2027년까지 6,900만 개 이상의 새로운 일자리가 AI와 인간의 분업 구조 변화로 인해 생겨날 것으로 예측됩니다. 이는 AI가 일자리를 단순히 대체하는 것이 아니라, 노동 시장의 구조를 근본적으로 변화시키고 있음을 보여줍니다.

기존 직업의 변화도 가속화되고 있습니다. 의사들은 AI를 활용하여 더 정확한 진단을 내리고, 교사들은 AI 도구를 활용하여 개별화된 학습을 제공하고 있습니다. 법률가들은 AI를 이용해 방대한 법률 문서를 분석하고, 금융 전문가들은 AI 알고리즘을 활용한 투자 전략을 수립합니다. 이러한 변화는 기존 직업인들에게 AI와의 협업 능력을 요구하고 있습니다.

이러한 급격한 변화에 대응하기 위해서는 개인, 기업, 정부, 교육 기관 모두의 노력이 필요합니다. 개인적 차원에서는 지속적인 학습과 재교육을 통해 새로운 기술을 습득하고, 창의성, 감성 지능, 비판적 사고력, 복잡한 문제 해결 능력 등 인간 고유의 능력을 개발하는 데 집중해야 합니다. 또한 디지털 리터러시와 AI 리터러시를 향상시키고, AI와의 효과적인 협업 능력을 키우는 것이 매우 중요합니다.

기업들은 AI 도입으로 인한 직원들의 불안을 해소하고, 새로운 기술에 적응할 수 있도록 지원해야 합니다. AT&T의 '퓨처 레디(Future Ready)' 프로그램이나 아마존의 '업스킬링 2025(Upskilling 2025)' 이니셔티브와 같이, 직원들의 재교육과 역량 개발을 위한 프로그램을 제공하는 것이 중요합니다. 또한, AI와 인간이 협력하여 더 높은 생산성을 달성할 수 있는 방안을 모색해야 합니다.

정부 차원에서는 AI로 인한 노동 시장의 변화에 대비한 정책을 마련해야 합니다. 재교육 프로그램 제공, 새로운 형태의 사회 안전망 구축, AI 기술 발전을 위한 투자 등이 필요합니다. 싱가포르의 '스킬스 퓨처(Skills Future)' 이니셔티브나 핀란드의 AI 교육 프로그램은 AI 시대에 맞는 교육 시스템 개혁의 좋은 예입니다.

대학 등의 교육 기관은 AI 시대에 필요한 역량을 키울 수 있는 교육과정을 개발하고 실행하는 데 중추적인 역할을 해야 합니다. 이를 위해 학제 간 융합 교육을 강화하여 AI와 다양한 전공 분야를 결합한 프로그램을 개발해야 합니다. 이를 통해 학생들은 AI를 자신의 전문 분야에 적용할 수 있는 능력을 키울 수 있게 되는 것이죠. 또한, 산업계와의 협력을 통해 실제 AI 프로젝트를 경험할 수 있는 기회를 제공하고, 인턴십 프로그램을 확대하여 학생들의 실무 능력을 향상시켜야 합니다.

교육 기관은 평생 학습을 지원하는 시스템의 구축에도 관심을 기울여야 합니다. 졸업생들을 위한 재교육 프로그램을 제공하고, 온라인 학습 플랫폼을 활용한 유연한 학습 기회를 만들어야 할 것입니다. AI의 윤리적 사용과 사회적 영향에 대한 교육도 강화해야 하며, AI를 활용한 창업과 혁신을 장려하는 프로그램을 통해 학생들이 AI 시대의 새로운 기회를 창출할 수 있도록 지원해야 합니다.

학생들 역시 AI 시대에 대비하여 적극적으로 대응해 나가야 할 것입니다. 전공에 관계없이 AI의 기본 개념과 응용 방법에 대한 이해를 갖추어야 하며, AI가 제공하는 정보를 비판적으로 평가하고 해석할 수 있는 능력을 키워야 하는거죠. 상대적으로 AI가 대체하기 어려운 영역의 능력을 지속적으로 개발하고, AI와의 협업뿐만 아니라 다양한 배경을 가진 사람들과의 협업 능력도 강화해야 합니다. 마지막으로 빠르게 변화하는 기술 환경에 적응하기 위해 자기주도적 학습 능력을 개발하고, 평생학습을 수행할 수 있는 자세와 역량을 개발해야 할 것입니다.

결론적으로, AI 시대의 교육은 단순한 지식 전달을 넘어 평생에 걸쳐 지속적으로 학습하고 적응할 수 있는 능력을 키우는 데 초점을 맞추어야 합니다. AI와 일자리의 관계는 단순히 대체의 문제가 아닌, 보완과 협력의 관계로 발전해야 합니다. 우리가 AI를 어떻게 활용하고 대응하느냐에 따라 일자리의 미래가 결정될 것입니다.

AI는 우리의 적이 아니라 동반자로 관계설정이 되어야 합니다. AI와 함께 일하고 성장하는 방법을 배우고, 이를 통해 우리의 잠재력을 최대한 발휘할 수 있는 미래를 만들어 나가야 합니다. 이러한 노력을 통해 우리는 AI 시대의 도전을 기회로 전환하고, 더 나은 미래를 만들어갈 수 있을 것입니다. AI와 인간이 각자의 강점을 살려 협력하는 미래를 준비하고 만들어가는 것이 우리의 과제입니다. 이를 위해 우리 모두가 지속적으로 학습하고, 적응하며, 혁신을 추구해 나가야 할 것입니다.

3.10. AI 윤리와 거버넌스 : 책임있는 AI발전을 위한 노력

인공지능(AI) 기술의 급속한 발전과 광범위한 적용은 우리 사회에 큰 혜택을 가져다주고 있습니다. 그러나 동시에 이는 새로운 윤리적, 법적, 사회적 문제들을 야기하고 있습니다. AI 윤리와 거버넌스는 이러한 문제들을 다루고, AI 기술이 인류에게 이롭게 사용될 수 있도록 하는 중요한 과제로 부상하고 있습니다.

AI 윤리의 핵심 원칙으로는 투명성, 공정성, 책임성, 프라이버시 보호, 안전성 등을 들 수 있습니다. 투명성은 AI 시스템의 의사결정 과정을 이해하고 설명할 수 있어야 한다는 것을 의미합니다. 예를 들어, 의료 AI가 특정 진단을 내렸을 때, 의

사와 환자가 그 근거를 이해할 수 있어야 하는거죠. 이는 AI 시스템에 대한 신뢰를 구축하는 데 필수적입니다.

공정성은 AI 시스템이 특정 집단이나 개인을 차별하지 않아야 한다는 원칙입니다. 채용 과정에서 AI를 사용할 때, 성별이나 인종에 따른 차별이 발생하지 않도록 하는 것이 중요합니다. AI 알고리즘이 학습 데이터에 내재된 편향성을 그대로 반영할 수 있기 때문에, 이는 특히 중요한 문제로 인식되고 있습니다.

책임성은 AI 시스템의 결정에 대해 누군가가 책임을 져야 한다는 것을 의미합니다. 이는 AI 시스템이 오작동하거나 잘못된 결정을 내렸을 때 특히 중요합니다. 자율주행차의 사고 책임을 누가 져야 하는지에 대한 논의가 이 원칙과 관련된 대표적인 예입니다.

프라이버시 보호는 AI 시대에 더욱 중요해지고 있습니다. AI 시스템은 대량의 개인 데이터를 수집하고 분석하기 때문에, 이 과정에서 개인의 프라이버시가 침해될 수 있습니다. 따라서 데이터 수집과 활용에 대한 투명성 확보, 개인정보 보호 기술 개발, 관련 법규 준수 등이 필요합니다.

AI 시스템의 안전성도 중요한 윤리적 고려사항입니다. AI 시스템의 오작동이나 해킹은 심각한 결과를 초래할 수 있기 때문이죠. 특히 자율주행차, 의료 AI 등 인명과 직결된 분야에서는 더욱 철저한 안전 대책이 요구됩니다.

이러한 윤리적 원칙들을 실현하기 위해서는 AI 거버넌스 체계가 필요합니다. AI 거버넌스는 AI 기술의 개발과 활용을 관리하고 규제하는 체계를 말합니다. 이는 법적, 제도적 장치뿐만 아니라 산업계의 자율 규제, 국제적 협력 등을 포함합니다.

AI 거버넌스의 한 예로, 앞써 EU에서 제안한 'AI Act'를 제시한 바 있으며, 미국에서도 2023년 10월 바이든 대통령이 'AI 권리장전' 행정명령에 서명하여 AI의 안전성과 보안을 위한 새로운 기준을 제시했습니다. 이는 AI 개발 기업들에게 강력한 안전 테스트를 요구하고, 정부 기관들이 AI 사용에 대한 지침을 마련하도록 하는 내용을 포함하고 있습니다.

유럽연합 AI Act : Risk Levels

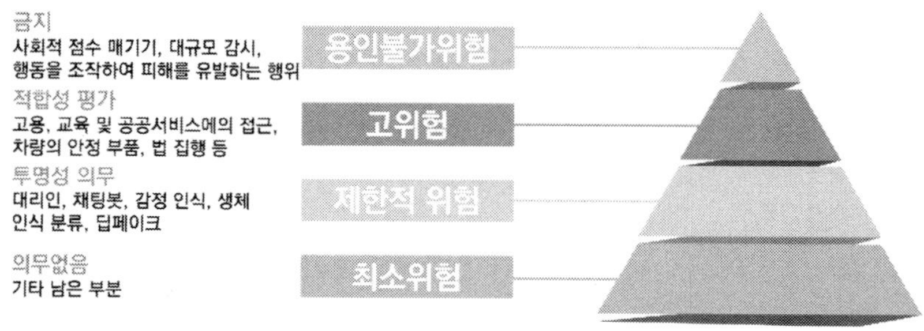

그러나 AI 윤리와 거버넌스 체계를 수립하고 실행하는 데에는 여러 가지 도전 과제가 있습니다.

첫째, 기술 발전 속도와 규제 간의 격차입니다. AI 기술은 매우 빠르게 발전하고 있어, 규제가 이를 따라가기 어려운 경우가 많습니다.

둘째, 글로벌 표준의 부재입니다. AI 기술과 그 영향은 국경을 넘어서지만, 이를 규제할 수 있는 국제적 합의는 아직 미흡한 상황입니다.

셋째, 윤리적 딜레마도 중요한 과제입니다. 예를 들어, 자율주행차가 불가피한 사고 상황에서 어떤 선택을 해야 하는지에 대한 문제는 쉽게 해결하기 어려운 윤리적 딜레마를 제기합니다. 넷째, AI의 기술적 복잡성으로 인해 일반 대중이 AI의 의사결정 과정을 이해하기 어려운 것도 문제입니다.

이러한 과제들을 해결하기 위해서는 다양한 이해관계자들의 협력이 필요합니다. 정부, 기업, 학계, 시민사회가 협력하여 AI 윤리 가이드라인을 수립하고 지속적으로 업데이트해야 합니다. 또한, AI 시스템 설계 단계부터 윤리적 고려사항을 반영하는 [35]'윤리적 설계(Ethical Design)' 원칙을 적용하는 것도 중요합니다. 이를 통해 국가와 분야를 아우르는 포괄적인 AI 거버넌스 체계를 구축할 수 있을 것입니다.

AI 기업들 역시 이러한 노력에 동참하고 있습니다. 오픈AI는 AI모델의 책임있는 사용을 위해 안전성 검토, 사용자 가이드라인 제동, 출력필터링 등 다양한 윤리적 조치를 시행하고 있으며, 구글은 'AI 원칙'을 통해 자사의 AI 개발 방향을 제시하고 있습니다. 이러한 기업들의 자체적인 윤리 가이드라인 수립은 AI 기술의 책임 있는 발전을 위한 중요한 움직임으로 평가받고 있습니다

결론적으로, AI 윤리와 거버넌스는 AI 기술 발전과 함께 계속해서 진화하고 있는 분야입니다. 우리는 AI의 혜택을 최대화하면서도 그 부작용을 최소화할 수 있는 방안을 지속적으로 모색해야 합니다. 이를 위해서는 기술 개발자, 정책 입안자, 사용자 등 모든 이해관계자들의 적극적인 참여와 협력이 필요합니다.

AI 윤리와 거버넌스는 단순히 기술의 문제가 아닌, 우리 사회가 함께 고민하고 해결해 나가야 할 중요한 과제입니다. 이는 AI 기술이 인간의 가치와 권리를 존중

35) 윤리적 설계(Ethical Design)는 제품, 서비스, 소프트웨어, 그리고 시스템을 설계할 때, 인간의 권리, 윤리적 가치, 사회적 책임을 우선적으로 고려하는 접근 방식을 의미한다.

하면서 발전할 수 있도록 하는 기반이 될 것입니다. 우리가 AI 윤리와 거버넌스에 대해 지속적으로 관심을 가지고 노력한다면, AI는 인류의 발전과 복지 증진에 크게 기여할 수 있을 것입니다.

3.11. 글로벌 AI 경쟁 시대 : 국가경쟁력 확보와 국제 협력의 필요성

AI 기술의 발전은 이제 국경을 넘어 전 세계에 영향을 미치고 있습니다. 이로 인해 AI와 관련된 다양한 문제들에 대한 국제적인 협력과 공동 대응의 필요성이 커지고 있죠. 동시에 AI는 21세기의 새로운 경제 성장 동력이자 국가 경쟁력의 핵심 요소로 부상하고 있습니다. 많은 국가들이 AI 기술 개발과 산업 육성에 막대한 투자를 하고 있는 이유가 바로 여기에 있습니다.

국제 협력의 필요성과 현황을 살펴보면, AI 연구 및 개발 협력이 기술 발전을 가속화하고 전 세계적으로 AI의 혜택을 공유하는 데 중요한 역할을 하고 있음을 알 수 있습니다. 연구자들 간의 지식 공유와 협력은 AI 기술의 빠른 발전을 이끌어내고 있으며, 이는 글로벌 차원의 문제 해결에 기여할 수 있을 것으로 기대하고 있습니다. AI 안전 및 보안 분야에서의 국제 협력도 필수적입니다. 특히 AI를 이용한 사이버 공격이나 자율무기 시스템과 같은 위협에 대응하기 위해서는 국제적인 공조가 필요합니다. 2023년 11월 영국에서 열린 AI 안전 서밋은 이러한 국제 협력의 중요성을 강조한 대표적인 사례라고 할 수 있죠.

AI를 통한 글로벌 문제 해결을 위한 협력도 활발히 이루어지고 있습니다. 'AI for Good' 이니셔티브와 같은 프로젝트는 UN의 지속가능발전목표 달성을 위해

AI 기술을 활용하는 국제 협력의 좋은 예입니다. 이런 노력들을 통해 AI가 인류 공통의 문제 해결에 기여할 수 있다는 희망을 보여주고 있습니다.

주요국의 AI 전략을 살펴보면, 각국의 특성이 잘 드러납니다. 미국은 민간 주도의 AI 혁신 생태계 구축에 초점을 맞추고 있습니다. 실리콘밸리를 중심으로 한 기술 기업들과 세계 최고 수준의 대학들이 협력하여 AI 기술 개발을 선도하고 있으며, 정부는 이를 지원하는 정책을 펼치고 있습니다. 2023년 10월 바이든 대통령의 'AI 안전 및 보안에 관한 행정명령'은 AI 개발의 안전성과 책임성을 강조하고 있습니다.

중국의 경우, '차세대 AI 발전 계획'을 통한 국가 주도 AI 발전 전략을 추진하고 있습니다. 정부의 강력한 지원 아래 대규모 데이터를 활용한 AI 기술 개발이 이루어지고 있으며, 특히 안면 인식 기술 등에서 세계적인 경쟁력을 보유하고 있죠. 2023년 발표된 '생성형 AI 서비스 관리 임시 조치'는 AI 발전과 규제의 균형을 모색하고 있는 중국의 노력을 보여줍니다.

EU는 '신뢰할 수 있는 AI' 개념을 제시하며 AI 윤리 가이드라인 수립 및 규제 프레임워크 구축에 앞장서고 있습니다. 이미 소개한 'AI Act'가 현재로서는 가장 구체적이고 광범위한 국가에 적용되는 법안이자, 세계 최초로 법제화된 AI 법안으로, 글로벌 AI 규제의 기준이 될 수 있을 것으로 예상됩니다.

글로벌 AI 경쟁 속에서 국가 경쟁력을 높이기 위해서는 다각도의 전략적 접근이 필요합니다. AI 인재 육성 및 유치가 그 첫 번째 전략이 될 수 있습니다. 싱가포르의 AI Singapore 프로그램은 AI 인재 양성에 집중 투자하여 국가의 AI 경쟁력 강화에 크게 기여하고 있죠.

R&D 투자 확대도 중요한 전략입니다. 캐나다의 몬트리올 AI 클러스터는 학계와 산업계의 긴밀한 협력을 통해 세계적인 AI 연구 중심지로 성장하고 있죠. 이는 산학연 협력의 중요성을 잘 보여주는 사례라고 할 수 있습니다.

AI 산업 생태계 조성도 빼놓을 수 없는 전략입니다. 이스라엘은 정부 주도의 혁신 생태계 구축을 통해 AI 스타트업의 성장을 적극 지원하고 있습니다. 이를 통해 작은 국가임에도 불구하고 글로벌 AI 시장에서 큰 존재감을 보여주고 있죠.

데이터 인프라 구축도 글로벌 시장에서의 AI 경쟁력 강화에 필수적입니다. 영국의 NHS(국민건강서비스)는 의료 데이터를 AI 연구에 활용할 수 있도록 개방하여 의료 AI 발전에 큰 기여를 하고 있어요. 이는 공공 데이터의 활용이 AI 혁신을 어떻게 촉진할 수 있는지를 보여주는 좋은 예입니다.

마지막으로, 글로벌 AI시대에서 적극적인 국가 경쟁력을 확보하기 위해서는 국제 협력 참여가 반드시 필요합니다. AI 기술 표준화 작업 참여, 글로벌 AI 연구 네트워크 구축 및 참여, AI를 활용한 글로벌 이슈 해결 참여 등을 통해 국제 사회에서의 영향력을 높이고, 동시에 글로벌 AI 발전에 기여할 수 있도록 해야겠습니다.

결론적으로, AI 기술은 우리 사회를 근본적으로 변화시킬 잠재력을 가지고 있습니다. 이러한 변화를 어떻게 관리하고 활용하느냐에 따라 우리의 미래가 결정될 겁니다. AI가 가져올 혜택을 최대화하면서도 잠재적 위험을 최소화하기 위해서는 개별 국가들의 노력도 중요하지만, 보다 글로벌적인 시각에서 국제사회 모두의 협력과 노력이 매우 중요할 것입니다.

3.12. AI시대 우리의 준비와 대응 : AI와 인간의 공존

우리는 지금 '인공지능 빅뱅'의 한가운데 서 있습니다. 알파고에서 시작된 충격파는 자율주행차, 의료 진단, 금융 투자에 이르기까지 전방위로 확산되고 있습니다. 딥러닝과 LLM으로 대표되는 최신 AI 기술의 발전 속도는 우리의 상상을 초월하며, 이는 인류에게 엄청난 기회와 동시에 심각한 도전과제를 안겨주고 있습니다.

레이 커즈와일로 대표되는 '특이점(Singularity)' 이론은 AI 기술이 인간의 지적 능력을 추월하는 순간 기하급수적 기술혁신이 일어날 것으로 예측합니다. 반면, AI가 가져올 부작용을 경계하는 목소리도 만만치 않습니다. 무분별한 자동화에 따른 대량 실업 가능성, 인간성 상실과 존엄성 훼손 우려 등이 대표적입니다. 이처럼 AI의 미래를 두고 기대와 우려가 교차하는 가운데, 우리는 AI와의 공존을 위한 준비를 시작해야 합니다.

지금까지 다양한 관점에서 살펴본 AI의 발전과 긍정적, 부정적 측면을 모두 종합해서 AI시대에 우리가 준비하고 대응해야 할 것을 마지막으로 AI파트를 정리하고자 합니다.

첫째, AI 시대에 맞는 새로운 직업과 역량 개발이 필요합니다. AI가 많은 일자리를 대체할 것으로 예상되지만, 동시에 새로운 형태의 일자리도 생겨날 것입니다. 창의성, 감성 지능, 복잡한 문제 해결 능력 등 AI가 쉽게 대체하기 어려운 인간 고유의 능력을 키우는 것이 중요합니다. AI는 단순히 인간의 육체노동을 대신하는 차원을 넘어 인지노동의 영역으로 깊숙이 침투할 것이므로, 이에 대응할 수 있는 역량을 갖추어야 합니다.

둘째, 교육 시스템의 혁신이 필요합니다. 단순 지식 전달 위주의 교육에서 벗어나, 비판적 사고력, 창의력, 협업 능력 등을 키우는 교육으로 전환해야 합니다. AI 리터러시 교육을 통해 AI를 이해하고 활용할 수 있는 능력을 키워야 하며, 지속적인 학습과 적응 능력을 배양하는 것이 중요합니다. 특히 일반인공지능(AGI:Artificial General Intelligence) 시대를 대비하여, 인간만의 고유한 능력을 개발하고 강화하는 교육이 필요합니다.

셋째, AI 윤리와 거버넌스 체계를 구축해야 합니다. AI 기술의 발전이 인류에게 이롭게 사용될 수 있도록 적절한 규제와 윤리 지침을 마련해야 합니다. 동시에 AI 기술의 혜택이 사회 전체에 고르게 분배될 수 있도록 하는 정책적 노력도 필요합니다. 인간 중심의 관점에서 기술의 윤리적 활용을 모색하고, 사회 전반의 변화에 슬기롭게 대처해 나가는 집단지성의 힘이 필요합니다.

넷째, 인간과 AI의 상호보완적 관계를 구축해야 합니다. AI는 인간을 대체하는 것이 아니라 인간의 능력을 확장하고 보완하는 도구로 활용되어야 합니다. 의료, 교육 등 다양한 분야에서 AI와 인간이 각자의 강점을 살려 시너지를 낼 수 있는 협력 모델을 개발해야 합니다. 예를 들어, 의료 분야에서 AI는 방대한 의학 데이터를 분석하여 질병의 패턴을 찾아내고 진단을 보조할 수 있지만, 최종적인 진단과 치료 결정은 의사의 경험과 통찰, 그리고 환자와의 소통을 통해 이루어져야 합니다.

다섯째, AI와 인간 감정의 관계에 대한 깊이 있는 고찰이 필요합니다. 감정 인식 AI의 발전은 새로운 기회를 제공하지만, 동시에 프라이버시, 감정 조작, 진정성 등의 윤리적 문제를 제기합니다. 감정 인식 AI는 얼굴 표정, 음성 톤, 생체 신호 등을 분석하여 인간의 감정 상태를 파악할 수 있으며, 이는 고객 서비스, 의료, 교육 등 다양한 분야에서 활용될 수 있습니다. 그러나 이러한 기술이 개인의 프라이버시를 침해하거나 감정을 조작하는 데 사용될 위험성도 있습니다. 우리는 AI를 통해 감정을 더 잘 이해하고 관리할 수 있게 되겠지만, 동시에 인간 고유의 감정적 경험과 관계의 가치를 재확인하게 될 것입니다.

마지막으로, AI 기술의 발전 속도에 맞춰 우리의 대응 능력도 빠르게 향상시켜야 합니다. 다수의 전문가들이 2028년까지 일반인공지능에 도달할 수 있는 확률이 있다고 밝히고 있습니다. AGI의 등장은 우리의 정보처리와 문제해결 방식을 크게 변화시킬수 있습니다. 새로운 정보처리와 문제해결 방식에 적응하는 과정에서 인간의 인지능력과 사고방식 또한 진화할 가능성이 있습니다.

AI 시대는 우리에게 큰 도전이자 기회입니다. 이 시대를 슬기롭게 준비하고 대응한다면, 우리는 AI와 함께 더 나은 미래를 만들어갈 수 있을 것입니다. 기술 발전에 함몰되기보다는 인간 중심의 관점에서 AI와의 공존을 모색하고, 사회 전반의 변화에 슬기롭게 대처해 나가는 집단지성의 힘이 필요한 때입니다. AI가 가진 무한한 잠재력을 인류 번영의 원동력으로 삼을 수 있을지, 아니면 새로운 불평등과 단절을 초래하는 디스토피아로 귀결될지는 오롯이 '우리'에게 달려 있습니다. 우리 모두가 AI 시대의 주역으로서 책임감을 가지고 이 새로운 시대를 맞이할 준비를 해야 할 때입니다.

4. 로보틱스 : 인간과 기계의 상생을 상상하다

4.1. 로보틱스의 정의와 태동 : 탈로스로 부터

4.2. 로보틱스 발전의 이정표 : 다르파 로보틱스 챌린지

4.3. 로보틱스의 주요 분야 : 가정에서 전장까지

4.4. 로보틱스 기술의 핵심 요소 : 첨단기술의 실험장

4.5. 로보틱스 최신 동향 및 발전 방향성 : 로보틱스 새로운 전기를 맞이하다.

4.6. 로보틱스 산업의 전망 및 과제 : 진정한 진보를 위해

4. 로보틱스 혁명 : 인간과 기계의 상생을 상상하다

4.1. 로보틱스의 정의와 태동 : 탈로스로부터

로보틱스는 로봇의 설계, 제작, 운용 및 활용에 관한 기술과 학문을 포괄하는 광범위한 분야입니다. 로봇은 프로그래밍 가능한 기계 장치로, 다양한 작업을 자동으로 수행할 수 있습니다. 로봇은 "움직이면서 스스로 판단하여 동작하는 기계"라고 정의할수 있는데, 이는 단순한 자동화 기계와는 구별되는 특징입니다. 로보틱스는 단순히 기계를 만드는 것을 넘어서, 인공지능, 센서 기술, 제어 시스템, 그리고 인간-기계 상호작용 등 다양한 학문 분야가 융합된 첨단 기술 영역입니다. 현대의 로봇은 인공지능(AI)과 결합하여 더욱 복잡하고 정교한 작업을 수행할 수 있게 발전하고 있으며, 로보틱스의 궁극적인 목표는 인간의 능력을 확장하고, 위험하거나 반복적인 작업을 대체하며, 새로운 가능성을 창출하는 것입니다.

로봇의 역사는 인류의 상상력만큼이나 오래되었다고 할 수 있습니다. 고대 그리스 신화에 등장하는 [36]탈로스(Talos)와 같은 인조인간이나 중세 시대의 자동인형 등은 로봇의 원형이라고 볼 수 있습니다. 레오나르도 다빈치도 15세기에 인간형 자동 기사를 설계한 바 있습니다. 그러나 현대적 의미의 로봇 개념은 20세기 초반에 등장했습니다. 1920년 체코의 극작가 카렐 차페크가 희곡 "R.U.R(Rossum's Universal Robots)"에서 처음으로 '로봇'이라는 단어를 사용했

---

36) 탈로스(Talos)는 그리스 신화에 등장하는 청동 거인으로 제우스가 만들어낸 자동화된 기계적 존재로 묘사되어, 섬을 순찰하며 외부의 침입자로부터 보호하는 역할로 서사되었다

는데, 이는 체코어로 '강제 노동'을 의미하는 'robota'에서 유래했습니다

1954년, 조지 데볼(George Devol)과 조셉 엥겔버거(Joseph Engelberger)가 최초의 산업용 로봇 '유니메이트(Unimate)'를 발명한 것은 로보틱스 역사의 중요한 이정표가 되었습니다. 이 로봇은 1961년 제너럴 모터스의 공장에 설치되어 다이캐스팅 기계에서 뜨거운 금속 부품을 꺼내는 위험한 작업을 수행했습니다. 이는 산업 현장에서 로봇의 실용적 활용 가능성을 보여준 획기적인 사례였습니다.

〈유니메이트〉

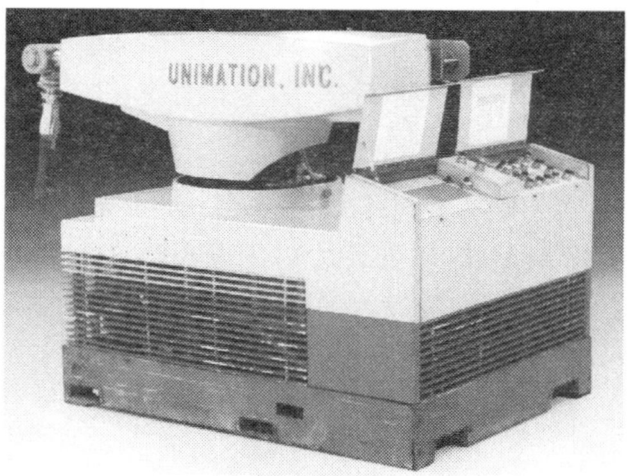

〈출처 : Robotsguide〉

1960년대와 70년대를 거치며 로보틱스는 급속도로 발전했습니다. 1969년에는 빅터 쉐인만(Victor Scheinman)에 의해 최초의 인공 팔이 개발되었고, 1970년에는 스탠포드 대학에서 샤키(Shakey)라는 이름의 이동 로봇이 만들어졌습니다. 샤키는 주변 환경을 인식하고 장애물을 피해 이동할 수 있는 최초의 로봇으로, 현대 자율 주행 로봇의 선구자라고 할 수 있습니다.

1980년대에 들어서면서 로보틱스는 더욱 다양한 분야로 확장되었습니다.

1989년에는 로드니 브룩스(Rodney Brooks)가 행동 기반 로보틱스의 개념을 제시하며 로봇 제어 방식에 혁신을 가져왔습니다. 이 접근법은 복잡한 중앙처리시스템 대신 단순하지만 효과적인 행동모듈들의 조합으로 로봇을 제어하는 방식을 제안했습니다.

21세기에 접어들면서 로보틱스는 인공지능, 빅데이터, 사물인터넷 등 다른 첨단 기술들과 융합하며 더욱 빠르게 발전하고 있습니다. 2000년 혼다의 아시모(ASIMO), 2011년 IBM의 왓슨(Watson), 2016년 보스턴 다이내믹스의 아틀라스(Atlas) 등은 로보틱스 기술의 진보를 보여주는 대표적인 사례들입니다.

〈보스턴다이나믹스의 아틀라스 로봇〉

〈출처 : 보스턴다이나믹스〉

현재 로보틱스는 제조업, 의료, 농업, 우주 탐사, 해양 탐사, 재난 구조 등 다양한 분야에서 활용되고 있으며, 그 영역은 계속해서 확장되고 있습니다. 특히 인공지능 기술의 발전과 함께 로봇의 자율성과 적응력이 크게 향상되면서, 로봇은 더욱 복잡하고 섬세한 작업을 수행할 수 있게 되었습니다.

로보틱스의 발전은 단순히 기술의 진보를 넘어 우리 사회와 경제, 그리고 일상생활에 큰 변화를 가져오고 있습니다. 생산성 향상, 의료 서비스의 질적 개선, 위험한 환경에서의 인간 대체 등 로보틱스가 가져오는 혜택은 매우 크지만, 동시에 일자리 대체, 윤리적 문제, 보안 문제 등 새로운 도전과제들도 제기되고 있습니다. 따라서 로보틱스의 발전과 함께 이에 대한 사회적, 윤리적 논의도 함께 이루어져야 할 것입니다.

4.2. 로보틱스 발전의 이정표 : 다르파 로보틱스 챌린지

로보틱스의 역사는 인류의 상상력과 기술 발전의 역사와 맞닿아 있습니다. 고대 그리스의 자동문부터 시작해 현대의 고도로 정교한 로봇에 이르기까지, 로보틱스는 지속적으로 발전해 왔죠. 그 중에서도 다르파 로보틱스 챌린지(DARPARobotics Challenge)는 로보틱스 기술의 획기적인 발전을 이끌어낸 중요한 사건이었습니다.

DARPA 로보틱스 챌린지는 미국 국방고등연구계획국(DARPA:Defense Advanced Research Projects Agency)이 2013년부터 2015년까지 3회에 걸쳐 진행한 국제 로봇 경연대회입니다. 이 대회의 주요 목적은 재난 대응 로봇 기술의 발전을 촉진하는 것이었습니다. 후쿠시마 원전 사고와 같은 재난 상황에서 인간을 대신해 위험한 작업을 수행할 수 있는 로봇의 필요성이 대두되면서 시작된 이 대회는, 로보틱스 기술 발전에 큰 전환점이 되었습니다.

이 대회에서는 로봇이 문을 열고, 차량을 운전하고, 잔해를 치우는 등 다양한 임무를 수행해야 했습니다. 최종 우승은 한국의 카이스트 팀이 개발한 'DRC-

HUBO'가 차지했습니다.

DARPA 로보틱스 챌린지는 실제 재난 상황을 모사한 환경에서 다음과 같은 8가지 과제를 수행하도록 설계되었습니다:

1. 차량 운전
2. 차량에서 내리기
3. 문 열기
4. 밸브 잠그기
5. 벽 뚫기
6. 험지 횡단
7. 계단 오르기
8. 비상 상황 대처

이러한 과제들은 실제 재난 현장에서 로봇이 수행해야 할 다양한 작업들을 반영한 것으로, 로봇의 이동성, 조작 능력, 자율성, 그리고 인간과의 협업 능력 등을 종합적으로 평가할 수 있도록 구성되었습니다.

〈다르파 로보틱스 챌린지의 장면〉

〈출처 : wikimedia〉

DARPA 로보틱스 챌린지를 통해 로봇 공학 분야에서 여러 중요한 기술적 진보가 이루어졌습니다. 우선 험지에서도 안정적으로 보행할 수 있는 이족보행 기술이 크게 발전했습니다. 이는 향후 재난 현장이나 복잡한 환경에서 활동할 수 있는 로봇 개발의 기반이 되었습니다. 특히 보스턴 다이내믹스의 아틀라스(Atlas) 로봇은 이 대회를 통해 그 능력을 크게 향상시켰고, 현재는 달리기와 장애물 뛰어넘기까지 가능한 수준에 이르렀습니다.

또한 로봇의 환경 인식 능력이 향상되어 복잡한 환경을 인식하고 분석하는 능력이 크게 개선되었습니다. 이는 로봇이 자율적으로 작업을 수행하는 데 필수적인 기술이라고 할수 있죠. 3D 매핑, 물체 인식, 상황 인지 등의 기술이 크게 발전했으며, 이는 현재 자율주행차 기술 발전에도 큰 영향을 미쳤다고 할수 있습니다.

다양한 도구를 사용하여 복잡한 작업을 수행하는 능력 또한 개선되었습니다. 문을 열고, 밸브를 조작하고, 장애물을 제거하는 등의 작업은 정교한 조작 능력을 요구합니다. 이러한 능력의 향상은 로봇이 인간의 작업을 대체하거나 보조하는 데 중요한 역할을 합니다.

더불어 원격 조종과 로봇의 자율성을 결합한 새로운 인간-로봇 협력 모델이 개발되었습니다. 이는 향후 로봇과 인간이 협력하여 작업을 수행하는 데 있어 중요한 기반이 될 것입니다. 마지막으로, 복잡한 과제를 해결하기 위한 로봇 제어 소프트웨어와 AI 알고리즘이 크게 발전했는데, 이는 로봇의 자율성과 문제 해결 능력을 높이는 데 기여했다고 할수 있습니다.

DARPA 로보틱스 챌린지 이후, 휴머노이드 로봇 기술은 더욱 빠르게 발전하고 있으며, 최근에는 생성형 AI의 발달로 그 발전 속도가 더욱 가속화되고 있습니다. 이러한 발전은 로봇이 더 복잡하고 다양한 환경에서 작업을 수행할 수 있게 만들고 있습니다.

4.3. 로보틱스의 주요 분야

로보틱스는 현대 사회의 다양한 영역에서 빠르게 확산되고 있습니다. 이 기술 분야는 여러 산업과 일상생활에 깊이 관여하며, 각 영역에서 독특한 방식으로 발전하고 있습니다. 로보틱스의 주요 분야를 살펴보면 기술의 현재와 미래를 폭넓게 이해할 수 있습니다.

산업용 로보틱스

산업용 로보틱스는 제조업 분야에서 가장 광범위하게 활용되고 있습니다. 이 로봇들은 주로 조립, 용접, 도장, 포장 등의 작업을 수행하며, 높은 정확성과 일관성, 24시간 연속 작업 능력이 주요 장점입니다. 예를 들어, 자동차 제조 라인의 로봇 팔은 인간보다 훨씬 정확하고 빠르게 차체를 조립할 수 있습니다. 최근에는 인간 작업자와 같은 공간에서 안전하게 작업할 수 있는 협동로봇(코봇:Cobot)이 등장하여, 인간과 로봇의 장점을 결합한 새로운 형태의 제조 환경을 만들어내고 있습니다.

서비스 로보틱스

서비스 로보틱스는 의료, 요양, 교육, 엔터테인먼트 등 서비스 분야에서 활용되고 있습니다. 의료 분야에서는 다빈치 수술 로봇과 같은 수술 보조 로봇이 정교한 수술을 가능하게 하며, 재활 로봇은 환자들의 회복을 돕고 있습니다. 요양 분야에서는 노인이나 장애인을 보조하는 로봇들이 일상생활 지원부터 정서적 교감까지 다양한 역할을 수행합니다. 교육 분야에서는 학생들의 학습을 돕는 교육용 로봇들이 특히 프로그래밍 교육이나 스팀(STEM) 교육에서 중요한 도구로 자리잡고 있습니다.

군사용 및 탐사용 로보틱스

군사 및 탐사용 로보틱스는 인간이 직접 수행하기 어렵거나 위험한 임무를 대신 수행합니다. 군사 분야에서는 무인 항공기(드론), 폭발물 제거 로봇, 정찰 로봇 등이 활용되어 인명 피해를 줄이고 작전의 효율성을 높이고 있습니다. 탐사 분야에서는 나사(NASA)의 화성 탐사 로버 '퍼서비어런스(Perseverance)'나 심해 탐사에 사용되는 ROV(Remotely Operated Vehicle)들이 극한 환경을 탐사하며 새로운 지식을 제공하고 있습니다.

〈퍼서비어런스 로봇〉

〈출처 : NASA Science〉

가정용 로보틱스

가정용 로보틱스는 우리의 일상생활에 가장 가깝게 다가온 로봇 기술입니다. 로봇 청소기, 스마트 홈 시스템과 연동되는 다양한 가전 로봇들이 단순하고 반복적인 가사 노동을 대신함으로써 삶의 질을 향상시키고 있습니다. 최근에는 인공지능 기술의 발전과 함께 음성 인식 기능을 갖춘 지능형 가정용 로봇들도 등장하고 있어, 미래에는 더욱 다양한 형태의 가정용 로봇들이 우리의 일상에 자리잡을 것으로 예상됩니다.

인간형 로보틱스

휴머노이드(Humanoid) 로보틱스는 인간의 형태와 기능을 모방한 로봇을 연구하고 개발하는 분야입니다. 이 로봇들은 인간과 가장 유사한 형태를 가지고 있어, 계단 등 인간 중심으로 설계된 공간적 환경에서 효율적으로 작동할 수 있다는 장점이 있습니다. 또한 인간과의 자연스러운 상호작용이 가능하여 서비스 로봇이나 감정 교감 로봇으로의 활용 가능성이 높습니다. 대표적인 예로는 혼다의 아시모, 소프트뱅크의 페퍼, 보스턴 다이내믹스의 아틀라스 등이 있습니다.

휴머노이드 로봇과 종종 혼동되는 개념으로 안드로이드(Android)가 있습니다. 두 개념 모두 인간을 모방한 로봇이지만, 그 목적과 디자인에는 차이가 있습니다. 휴머노이드는 인간의 전반적인 형태와 기능을 모방하지만, 로봇의 모습을 유지합니다. 반면 안드로이드는 외모와 피부, 움직임까지 인간과 거의 구별하기 어려울 정도로 유사하게 만들어진 로봇을 지칭합니다.

안드로이드의 대표적인 예로는 일본의 히로시 이시구로(Hiroshi Ishiguro) 교수가 개발한 '제미노이드(Geminoid)'가 있습니다. 제미노이드는 실제 인간의 외모를 그대로 복제한 듯한 모습으로, 인간과의 상호작용 연구나 인공지능의 실험 플랫폼으로 활용되고 있습니다. 안드로이드는 주로 연구용이나 엔터테인먼트 목적으로 개발되며, 실용적인 측면에서는 휴머노이드에 비해 제한적입니다.

〈제미노이드 로봇〉

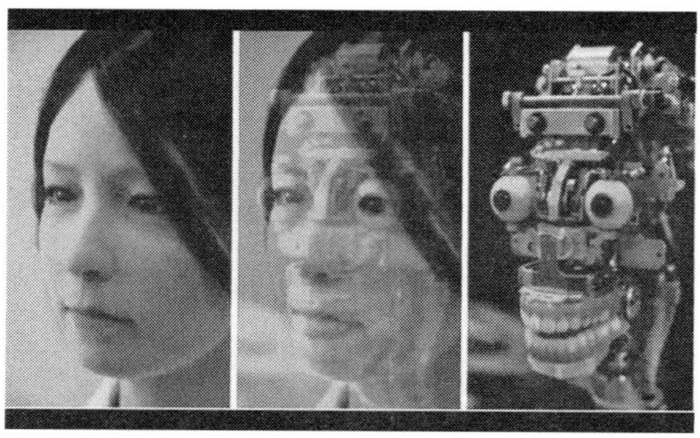

〈출처 : Robots Guide〉

휴머노이드와 안드로이드 모두 기술적으로 매우 도전적인 분야입니다. 인간의 복잡한 움직임과 인지 능력을 모방하는 것은 여전히 많은 과제를 안고 있으며, 특히 안드로이드의 경우 [37]'불쾌한 골짜기(Uncanny Valley)' 현상으로 인해 디자인 측면에서도 어려움을 겪고 있습니다. 그러나 이러한 도전에도 불구하고, 이 분야의 연구는 인간-로봇 상호작용, 인공지능, 그리고 인간의 본질에 대한 이해를 깊게 하는 데 중요한 역할을 하고 있습니다.

---

37) 불쾌한 골짜기(Uncanny Valley)는 로봇 공학자 마사히로 모리(Masahiro Mori)가 1970년에 제안한 개념으로, 인간과 매우 유사한 로봇이나 인공물이 인간에게 심리적으로 불쾌감을 줄 수 있다는 이론이다.

이러한 다양한 분야의 로보틱스 기술은 서로 상호작용하며 발전하고 있습니다. 예를 들어, 산업용 로봇에서 개발된 정밀 제어 기술은 의료용 로봇의 발전에 기여하고, 군사용 로봇에서 발전된 자율 주행 기술은 가정용 로봇 청소기에 적용되고 있습니다. 따라서 로보틱스의 발전을 위해서는 각 분야별 전문성을 키우는 동시에, 분야 간 기술 교류와 융합을 촉진하는 것이 중요합니다.

로보틱스의 발전은 단순히 기술적 진보에 그치지 않고 사회 전반에 큰 영향을 미치고 있습니다. 산업 구조의 변화, 노동 시장의 재편, 새로운 윤리적 문제의 대두 등 로보틱스로 인한 변화는 다방면에 걸쳐 나타나고 있습니다. 따라서 로보틱스 기술의 개발과 함께 이러한 사회적 변화에 대한 대비와 논의도 함께 이어나가야 합니다. 로보틱스의 미래는 우리가 이러한 기술을 어떻게 개발하고, 활용하며, 관리하느냐에 달려 있습니다.

4.4. 로보틱스 기술의 핵심 요소

로보틱스는 다양한 기술의 융합체라고 할 수 있습니다. 로봇이 인간의 능력을 확장하고 복잡한 작업을 수행하기 위해서는 여러 핵심 기술 요소들이 유기적으로 결합되어야 합니다. 이 섹션에서는 로보틱스를 구성하는 주요 기술 요소들에 대해 자세히 살펴보겠습니다.

센서 기술

센서 기술은 로봇이 주변 환경을 인식하고 정보를 수집하는 데 필수적인 요소입니다. 인간의 오감에 해당하는 다양한 종류의 센서들이 로봇에 적용되고 있으며, 이를 통해 로봇은 환경을 인식하고 상황에 맞는 행동을 할 수 있게 됩니다.

시각 센서는 카메라를 이용해 주변 환경의 이미지를 캡처하고 분석합니다. 단순한 2D 카메라부터 3D 깊이 카메라, 적외선 카메라 등 다양한 종류의 카메라가 사용되며, 이를 통해 로봇은 물체를 인식하고 위치를 파악할 수 있습니다. 최근에는 컴퓨터 비전 기술의 발전으로 로봇의 시각적 인식 능력이 크게 향상되었습니다.

청각 센서는 마이크로폰을 이용해 소리를 감지하고 분석합니다. 이를 통해 로봇은 음성 명령을 인식하거나 주변 환경의 소리를 분석할 수 있습니다. 최근의 음성 인식 기술의 발전으로 로봇과 인간 사이의 자연스러운 음성 대화가 가능해지고 있습니다.

촉각 센서는 로봇이 물체와의 접촉을 감지하고 그 압력이나 질감을 측정할 수 있게 해줍니다. 이는 로봇이 물체를 안전하게 조작하거나 환경과 상호작용하는 데 중요한 역할을 합니다. 최근에는 인간의 피부와 유사한 기능을 하는 전자 피부(e-skin) 기술도 개발되고 있습니다.

그 외에도 로봇의 위치와 움직임을 측정하는 관성 측정 장치(IMU:Inertial Measurement Unit), 거리를 측정하는 라이다(LIDAR) 센서, 온도를 측정하는 열 센서 등 다양한 센서들이 로봇에 활용되고 있습니다. 이러한 다양한 센서들의 데이터를 융합하여 처리하는 센서 퓨전 기술(Sensor Fusion Technology)도 로보틱스의 중요한 연구 분야 중 하나입니다.

센서 기술의 발전은 로봇의 환경 인식 능력을 크게 향상시키고 있습니다. 예를 들어, 자율주행 자동차에 사용되는 고성능 라이다 센서는 주변 환경의 3D 맵을 실시간으로 생성할 수 있어, 차량이 안전하게 주행할 수 있도록 돕습니다. 또한 촉각 센서의 발전은 로봇이 섬세한 작업을 수행할 수 있게 해주어, 의료용 로봇의 정밀한 수술이나 산업용 로봇의 정교한 조립 작업을 가능하게 합니다.

액추에이터 기술

액추에이터(Actuator)는 로봇의 '근육' 역할을 하는 부분으로, 로봇의 움직임을 실제로 구현하는 핵심 요소입니다. 액추에이터는 전기, 유압, 공압 등의 에너지를 기계적 운동으로 변환하여 로봇의 관절이나 부품을 움직이게 합니다.

전기 모터는 가장 널리 사용되는 액추에이터입니다. DC 모터, 스테퍼 모터, 서보 모터 등 다양한 종류의 전기 모터가 로봇의 용도와 요구사항에 따라 선택적으로 사용됩니다. 전기 모터는 제어가 쉽고 효율이 높다는 장점이 있지만, 큰 힘을 필요로 하는 경우에는 한계가 있을 수 있습니다.

유압 액추에이터는 유체의 압력을 이용하여 움직임을 만들어냅니다. 큰 힘을 낼 수 있어 대형 산업용 로봇이나 중장비에 주로 사용됩니다. 그러나 시스템이 복잡하고 유지보수가 어렵다는 단점이 있습니다.

공압 액추에이터는 압축 공기를 이용하여 움직임을 만들어냅니다. 빠른 반응속도와 간단한 구조가 장점이지만, 정밀한 제어가 어렵다는 단점이 있습니다.

최근에는 인공 근육(Artificial Muscle)이라 불리는 새로운 형태의 액추에이터도 개발되고 있습니다. 이는 전기, 열, 빛 등의 자극에 반응하여 수축하거나 팽창

하는 특수한 소재를 이용한 것으로, 더욱 자연스럽고 부드러운 로봇의 움직임을 구현할 수 있습니다.

액추에이터 기술의 발전은 로봇의 움직임을 더욱 정교하고 효율적으로 만들고 있습니다. 예를 들어, 고성능 [38]서보 모터(Servo Motor)의 발전으로 휴머노이드 로봇의 동작이 더욱 인간과 유사해지고 있으며, 소프트 로보틱스 분야에서는 공압을 이용한 유연한 액추에이터가 개발되어 안전하고 적응력 높은 로봇의 구현을 가능하게 하고 있습니다.

제어 시스템

제어 시스템은 로봇의 '두뇌' 역할을 하는 부분으로, 센서로부터 받은 정보를 처리하고 액추에이터에 적절한 명령을 내리는 역할을 합니다. 제어 시스템의 성능은 로봇의 전반적인 기능과 효율성을 결정짓는 중요한 요소입니다.

제어 시스템의 핵심은 마이크로컨트롤러나 컴퓨터와 같은 중앙처리장치입니다. 이 장치는 로봇의 동작을 결정하는 알고리즘을 실행하고, 센서 데이터를 처리하며, 액추에이터를 제어합니다. 최근에는 고성능 프로세서의 발전으로 로봇이 더욱 복잡한 작업을 실시간으로 처리할 수 있게 되었죠.

로봇 제어 알고리즘은 크게 두 가지 접근 방식으로 나눌 수 있습니다. 첫째는 전통적인 제어 이론에 기반한 방식으로, [39]PID 제어(Proportional-Integral-

---

38) 서보 모터(Servo Motor)는 제어 신호에 따라 정확한 위치, 속도, 회전각을 제어할 수 있는 모터를 말한다.

39) PID 제어(Proportional-Integral-Derivative Control)는 제어 시스템에서 목표값과 실제값의 차이를 줄이기 위해 사용하는 피드백 제어 알고리즘으로, 비례(Proportional), 적분(Integral), 미분(Derivative)이라는 세 가지 요소로 구성된다.

Derivative Control), 최적 제어, 적응 제어 등의 기법이 여기에 속합니다. 이 방식은 로봇의 동역학 모델을 정확히 알고 있을 때 효과적입니다.

둘째는 인공지능과 기계학습을 활용한 방식입니다. 이 방식은 로봇이 경험을 통해 스스로 학습하고 적응할 수 있게 해줍니다. 강화학습, 딥러닝 등의 기술이 이 분야에서 활발히 연구되고 있으며, 특히 복잡하고 불확실한 환경에서 로봇의 성능을 크게 향상시킬 수 있습니다.

제어 시스템의 또 다른 중요한 요소는 실시간 운영체제(RTOS:Real-Time Operating System)입니다. RTOS는 로봇이 실시간으로 센서 데이터를 처리하고 빠르게 반응할 수 있게 해줍니다. 특히 산업용 로봇이나 의료용 로봇과 같이 높은 정확성과 신뢰성이 요구되는 분야에서 RTOS의 역할이 중요합니다.

최근에는 클라우드 로보틱스라는 개념도 주목받고 있습니다. 이는 로봇의 일부 연산 작업을 클라우드 서버에서 처리하는 방식으로, 로봇의 하드웨어 요구사항을 줄이고 더 복잡한 작업을 수행할 수 있게 해주죠. 그러나 네트워크 지연 시간이나 보안 문제 등의 과제도 함께 존재합니다.

제어 시스템의 발전은 로봇의 자율성과 적응력을 크게 향상시키고 있습니다. 예를 들어, 보스턴 다이내믹스의 로봇들이 보여주는 놀라운 균형 능력이나 복잡한 동작은 고도로 발전된 제어 시스템 덕분에 가능한 것입니다. 또한 자율주행 자동차의 경우, 복잡한 도로 환경에서 안전하게 주행할 수 있는 것은 첨단 제어 알고리즘과 AI 기술의 결합 덕분입니다.

전원 및 에너지 관리 기술

로보틱스에서 전원 및 에너지 관리 기술은 로봇의 성능, 작동 시간, 그리고 전반적인 효율성을 결정짓는 핵심 요소입니다. 이 기술은 단순히 로봇에 전력을 공급하는 것을 넘어서, 에너지를 효율적으로 사용하고 관리하는 모든 과정을 포함합니다. 최근 로보틱스의 발전과 함께 이 분야도 빠르게 진화하고 있으며, 새로운 도전과제와 혁신적인 해결책들이 등장하고 있습니다.

로봇의 전원 시스템은 크게 배터리 기반 시스템과 외부 전원 공급 시스템으로 나눌 수 있습니다. 배터리 기반 시스템은 주로 이동형 로봇에 사용되며, 리튬이온 배터리가 가장 널리 사용됩니다. 최근에는 에너지 밀도가 높은 리튬-폴리머 배터리나 고체 전해질 배터리 등 새로운 배터리 기술의 도입도 활발히 이루어지고 있습니다. 외부 전원 공급 시스템은 주로 산업용 로봇이나 대형 서비스 로봇에 사용되며, 안정적인 전력 공급이 가능하지만 이동성에 제약이 있습니다.

에너지 효율성 향상은 로보틱스 분야의 주요 과제 중 하나입니다. 이를 위해 다양한 기술이 개발되고 있는데, 예를 들어 로봇의 움직임을 최적화하여 에너지 소비를 줄이는 알고리즘, 회생 제동 시스템을 통해 운동 에너지를 전기 에너지로 변환하는 기술, 그리고 태양 전지를 이용한 자가 충전 시스템 등이 있습니다.

또한, 에너지 하베스팅(Energy Harvesting) 기술도 주목받고 있습니다. 이는 주변 환경의 열, 진동, 빛 등을 이용해 소량의 전력을 생산하는 기술로, 특히 소형 로봇이나 센서 네트워크에서 유용하게 사용될 수 있죠. MIT에서 개발한 곤충형 로봇 등이 그 예시입니다.

전원 관리 시스템의 지능화도 중요한 트렌드입니다. AI와 머신러닝 기술을 활용하여 로봇의 작업 패턴과 환경을 분석하고, 이에 따라 전력 소비를 최적화하는 시스템이 개발되고 있습니다. 이를 통해 로봇은 필요한 순간에 적절한 양의 전력을 사용함으로써 전체적인 에너지 효율을 높일 수 있습니다.

무선 충전 기술의 발전도 로보틱스 분야에 큰 영향을 미치고 있습니다. 특히 자율 주행 로봇의 경우, 작업 중간에 충전소로 이동하여 자동으로 충전할 수 있는 시스템이 개발되고 있어, 로봇의 운용 효율성을 크게 높이고 있습니다.

그러나 이러한 발전에도 불구하고 여전히 많은 과제가 남아있습니다. 배터리의 용량과 수명 개선, 충전 시간 단축, 그리고 안전성 확보 등이 주요 과제입니다. 또한, 로봇의 기능이 점점 더 복잡해지고 고도화됨에 따라 전력 소비량도 증가하고 있어, 이에 대한 해결책 마련도 시급합니다.

결론적으로, 전원 및 에너지 관리 기술은 로보틱스의 미래를 좌우할 핵심 기술 중 하나입니다. 이 분야의 혁신은 로봇의 성능 향상뿐만 아니라, 지속 가능한 로보틱스 발전과 산업화를 위해서도 필수적입니다. 따라서 앞으로도 이 분야에 대한 지속적인 연구와 투자가 이루어질 것으로 예상됩니다.

4.5. 로보틱스 최신 동향 및 발전 방향성 : 로보틱스 Tipping Point를 맞다.

로보틱스 기술은 빠르게 진화하고 있으며, 다양한 분야에서 혁신적인 응용 사례들이 등장하고 있습니다. 특히 인공지능(AI)과의 융합, 휴머노이드 로봇의 발전,

그리고 산업 현장에서의 활용 확대가 주목받고 있습니다. 이러한 발전은 우리 사회와 경제에 큰 영향을 미칠 것으로 예상됩니다. 앞써 내용을 다룬 부분도 있지만, 이 세가지 방향성에 대해서는 조금 더 자세히 알아보겠습니다.

로보틱스와 AI의 융합

최신 인공지능 기술의 발전은 로보틱스 분야에 혁명적인 변화를 가져오고 있습니다. 전통적인 로보틱스가 주로 미리 정의된 규칙과 알고리즘에 따라 작동했다면, AI와의 융합은 로봇에게 학습 능력과 적응력을 부여하여 더욱 유연하고 지능적인 시스템을 만들어내고 있습니다. 이러한 변화는 로보틱스의 개념, 주요 분야, 그리고 응용 방식에 큰 영향을 미치고 있습니다.

먼저, 로보틱스의 기본 개념이 변화하고 있습니다. 전통적인 로보틱스에서는 로봇의 모든 행동을 사전에 프로그래밍해야 했지만, AI의 도입으로 로봇이 경험을 통해 학습하고 스스로 행동을 최적화할 수 있게 되었습니다. 이는 '적응형 로보틱스(Adaptive Robotics)'라는 새로운 패러다임을 탄생시켰죠. 예를 들어, 보스턴 다이내믹스의 로봇들은 다양한 지형과 장애물에 대해 실시간으로 적응하며 균형을 유지할 수 있습니다. 이는 사전에 모든 상황을 프로그래밍하는 것이 아니라, 로봇이 환경에 따라 스스로 학습하고 적응하는 능력을 갖추었기 때문입니다.

특히 대형 언어 모델(LLM:Large Language Model)과 로봇 기술의 결합은 로봇의 자율성과 적응력을 크게 향상시키고 있습니다.

자연어 처리 기술(NLP:Natural Language Processing)의 발전으로 로봇과 인

간 사이의 자연스러운 대화가 가능해지고 있습니다. 이는 서비스 로봇이나 협동 로봇의 활용도를 크게 높이는 요인이 되고 있습니다. 음성 명령을 통한 로봇 제어가 더욱 정교해지면서, 산업 현장이나 일상생활에서 로봇의 사용이 더욱 직관적이고 편리해지고 있습니다.

컴퓨터 비전 기술(Computer Vision)의 발전 또한 로봇의 능력을 크게 향상시키고 있습니다. 로봇이 주변 환경과 사물을 더 정확하게 인식할 수 있게 되면서, 복잡한 작업 수행 능력이 크게 향상되고 있습니다. 이는 제조업에서의 품질 관리, 물류 센터에서의 물품 분류, 의료 분야에서의 정밀 수술 등 다양한 영역에서 로봇의 활용 가능성을 넓히고 있습니다.

또한 강화학습의 적용은 로봇이 경험을 통해 학습하고 성능을 개선할 수 있게 만들고 있습니다. 이를 통해 로봇은 다양한 환경에서의 적응력이 크게 향상되고 있으며, 예측하지 못한 상황에서도 적절히 대응할 수 있는 능력을 갖추게 되고 있는 것이죠. 이는 로봇이 더욱 복잡하고 변화가 많은 실제 환경에서 효과적으로 작동할 수 있게 하는 핵심 기술이 되고 있습니다.

로보틱스의 주요 분야별로도 AI의 활용 증가가 두드러지고 있습니다. 산업용 로보틱스에서는 AI를 활용한 '스마트 팩토리(Smart Factory)' 개념이 등장했습니다. 이는 로봇들이 생산 라인의 상황을 실시간으로 분석하고, 생산 효율을 최적화하며, 예측 유지보수를 수행하는 등 더욱 지능적인 생산 시스템을 구축하는 것을 의미합니다. 예를 들어, 지멘스의 AI 기반 로봇 시스템은 생산 라인의 효율을 향상시켰다고 보고되었습니다.

서비스 로보틱스 분야에서는 AI의 도입으로 인간과 로봇의 상호작용이 더욱 자연스러워지고 있습니다. 자연어 처리 기술의 발전으로 로봇이 인간의 음성 명령을 더 정확히 이해하고 응답할 수 있게 되었으며, 컴퓨터 비전 기술의 발전으로 로봇이 주변 환경과 사람의 표정, 제스처를 더 정확히 인식할 수 있게 되었죠. 일본의 소프트뱅크(Soft Bank)가 개발한 '페퍼(Pepper)' 로봇은 이러한 기술을 활용하여 고객 서비스, 정보 제공 등의 역할을 수행하고 있습니다.

자율주행 로보틱스 분야에서 딥러닝 기술을 활용한 고급 인식 시스템은 자율주행차가 복잡한 도로 환경을 더욱 정확하게 인식하고 판단할 수 있게 해주었습니다. 테슬라의 오토파일럿(Autopilot) 시스템이나 웨이모의 자율주행 기술은 AI를 핵심으로 하여 개발되고 있습니다.

의료 로보틱스 분야에서는 AI와의 융합으로 더욱 정밀하고 개인화된 치료가 가능해지고 있습니다. 예를 들어, 수술용 로봇 '다빈치(Da Vinci Surgical System)'에 AI 기술을 접목하여 수술 중 실시간으로 조직을 분석하고 최적의 수술 방법을 제안하는 연구가 진행되고 있습니다. 또한 재활 로봇에 AI를 적용하여 환자의 상태에 따라 맞춤형 재활 프로그램을 제공하는 시스템도 개발되고 있습니다.

AI와 로보틱스의 융합은 새로운 연구 분야도 창출하고 있습니다. '모방 학습(Imitation Learning)'은 로봇이 인간의 행동을 관찰하고 학습하여 복잡한 작업을 수행하는 기술인데, 버클리 대학의 연구진은 이 기술을 활용하여 로봇이 인간의 시연을 보고 접이식 타월을 접는 방법을 학습하는 데 성공했습니다. '메타 학습(Meta-Learning)'은 로봇이 새로운 작업을 빠르게 학습하는 능력을 개발하는 기술입니다. 구글의 딥마인드는 이 기술을 활용하여 로봇 팔이 다양한 물체를 효과적으로 조작하는 방법을 빠르게 학습할 수 있게 하였습니다.

그러나 AI와 로보틱스의 융합은 새로운 도전과제도 제시하고 있습니다.

첫째, AI 모델의 불확실성과 편향성 문제입니다. 로봇의 행동이 AI에 의해 결정될 경우, AI의 오류나 편향이 실제 물리적 환경에 직접적인 영향을 미칠 수 있습니다. 이를 해결하기 위해 '설명 가능한 AI(XAI:Explainable AI)' 기술의 개발이 중요해지고 있습니다.

둘째, 윤리적 문제입니다. AI가 탑재된 로봇의 의사결정이 윤리적 딜레마를 야기할 수 있습니다. 예를 들어, 자율주행차가 사고 상황에서 어떤 결정을 내려야 하는가의 문제는 여전히 많은 논쟁을 불러일으키고 있습니다. 이에 대응하여 '로봇 윤리(Robot Ethics)'라는 새로운 연구 분야가 등장하고 있습니다.

셋째, 보안 문제입니다. AI 기반 로봇 시스템이 해킹될 경우, 그 피해는 단순한 정보 유출을 넘어 물리적 위험으로 이어질 수 있습니다. 따라서 AI와 로보틱스의 융합에 있어 사이버보안의 중요성이 더욱 커지고 있습니다.

결론적으로, AI와 로보틱스의 융합은 로봇의 능력을 비약적으로 향상시키고 있으며, 이는 산업, 의료, 서비스 등 다양한 분야에서 혁신을 가져오고 있습니다. 그러나 이러한 발전과 함께 새로운 기술적, 윤리적 과제들도 제기되고 있는 것도 사실입니다. 따라서 앞으로의 로보틱스 연구는 AI 기술의 효과적인 통합뿐만 아니라, 이에 따른 사회적, 윤리적 영향에 대한 고려도 함께 이루어져야 할 것입니다.

휴머노이드 로봇의 부각

휴머노이드 로봇 기술이 빠르게 발전하면서 상용화 경쟁이 치열해지고 있습니다. 보스턴 다이내믹스(Boston Dynamics)는 10년 만에 주력 휴머노이드 로봇 '아틀라스(Atlas)'를 대폭 업그레이드한 '뉴 아틀라스(New-Atlas)'를 공개했습니다. 이 로봇은 유압식 구동 방식에서 전동식으로 전환하여 실제 제조 공정 적용 가능성을 높였습니다. 28개의 관절을 갖추고 있어 복잡한 동작이 가능하며, 이는 산업 현장에서의 활용도를 크게 높일 것으로 기대됩니다.

테슬라의 '옵티머스(Optimus)' 또한 주목할 만한 발전을 보여주고 있습니다. 2023년 12월 공개된 2세대 모델은 무게를 약 10kg 감량하고, 동작의 유연성을 크게 개선했습니다. 보행 속도를 30% 높이는 등 성능을 대폭 향상시켰으며, 일론 머스크 CEO는 3~5년 내에 2만 달러 가격으로 상용화하겠다는 야심 찬 목표를 제시했습니다. 이는 휴머노이드 로봇의 대중화 가능성을 높이는 중요한 진전으로 평가받고 있습니다.

〈테슬라 옵티머스 봇 젠2〉

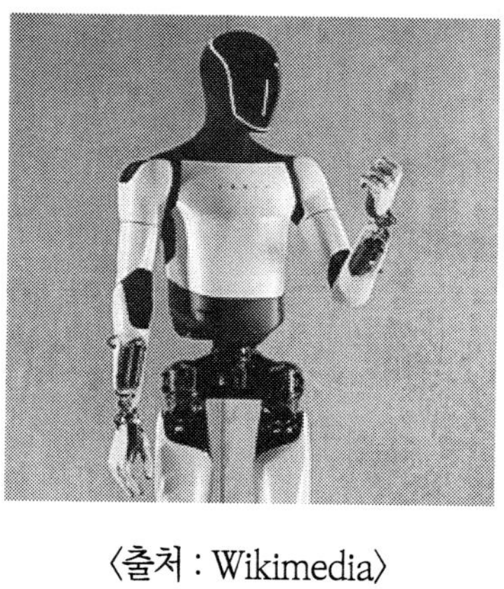

〈출처 : Wikimedia〉

중국 기업들의 성과도 주목할 만합니다. 유니트리(Unitree)가 개발한 'H1' 로봇은 세계에서 가장 빠른 휴머노이드 로봇으로 주목받고 있습니다. 100m를 30초 만에 주파할 수 있는 속도를 자랑하며, 이는 로봇 기술의 새로운 지평을 열었다는 평가를 받고 있습니다.

한편, 스타트업 피규어 AI(Figure AI)의 '피규어 01'은 산업 현장 적용을 앞두고 있어 주목받고 있습니다. 1m60, 60kg의 크기로 20kg의 물건을 들어 올릴 수 있으며, 한 번 충전으로 5시간 동작이 가능합니다. 이미 BMW의 미국 공장에 로봇을 투입하는 계약을 체결하는 등 실제 산업 현장 적용을 앞두고 있어, 휴머노이드 로봇의 상용화가 가까워지고 있음을 보여줍니다.

이러한 휴머노이드 로봇들은 인간의 노동력을 보완하고, 위험한 작업을 대체할 수 있는 잠재력을 가지고 있어 산업계의 큰 관심을 받고 있습니다. 특히 제조업, 물류, 서비스업 등 다양한 분야에서 활용될 것으로 기대되고 있습니다.

산업 현장에서의 로봇 활용 확대

로봇 기술의 발전은 다양한 산업 분야에서 활용되며, 그 범위가 계속 확대되고 있습니다. 제조업, 물류, 서비스업, 의료 분야 등에서 로봇의 활용이 크게 증가하고 있으며, 이는 생산성 향상과 작업 환경 개선에 기여하고 있습니다.

제조업에서는 협동로봇(코봇)의 도입이 주목받고 있습니다. 코봇은 인간 작업자와 같은 공간에서 안전하게 작업할 수 있어, 생산성 향상과 작업자의 안전 확보에 큰 도움이 됩니다. 코봇의 특징은 안전성, 유연성, 그리고 사용 편의성에 있습니다. 첨단 센서 기술을 통해 주변 환경을 정확히 인식하고, 인간과 접촉 시 즉시 정지할 수 있어 안전성이 높습니다. 또한, 다양한 작업에 쉽게 적용할 수 있어 생산 라인의 변경이나 새로운 작업 도입 시 빠르게 대응할 수 있습니다.

물류 및 배송 분야에서는 자율 이동 로봇(AMR:Autonomous Mobile Robots)의 활용이 확대되고 있습니다. 대규모 물류 센터에서 AMR은 상품의 이동과 분류를 효율적으로 수행하며, 이는 물류 처리 속도를 크게 향상시킵니다. 아마존의 물류 센터에서 사용되는 '키바(Kiva)' 로봇은 복잡한 창고 환경에서도 효율적으로 물품을 운반할 수 있습니다.

서비스업에서도 로봇의 활용이 늘어나고 있습니다. 호텔, 레스토랑 등에서 서비스 로봇이 안내, 청소, 음식 서빙 등 다양한 업무를 수행하고 있으며, 이는 인력 부족 문제 해결과 서비스 질 향상에 도움이 됩니다. 일본의 소프트뱅크의 페퍼 로봇은 감정 인식 기능을 탑재하여 인간의 감정 상태를 파악하고 그에 맞는 반응을 할 수 있습니다.

의료 분야에서는 수술 보조 로봇, 재활 로봇 등의 활용이 확대되고 있습니다. 수술 로봇은 인간의 한계를 넘어서는 정밀도로 복잡한 수술을 가능하게 하여 의료 분야에 혁명적인 변화를 가져오고 있습니다.

소프트 로봇 기술은 로보틱스 분야의 새로운 패러다임을 제시하고 있습니다. 부드러운 재료로 만들어진 소프트 로봇은 뛰어난 유연성과 적응력을 갖추고 있어, 기존의 딱딱한 로봇으로는 수행하기 어려운 작업을 가능하게 합니다. 이는 의료, 재난 구조, 산업 등 다양한 분야에서 활용되고 있습니다.

그리고 최근 산업분야에서 로봇의 활용이 증가하는데 큰 영향을 미치고 있는 것은 앞써 다룬바 있는 AI 기술과의 융합입니다. 이러한 융합은 로봇의 자율성을 크게 향상시켜, 복잡한 환경에서도 스스로 판단하고 행동할 수 있는 능력을 부여하고 있으며, 특히 딥러닝 기술을 활용한 시각 인식 능력의 향상, 자연어 처리 기술의 발전, 빅데이터 분석 기술과의 결합 등이 로봇의 성능을 크게 향상시키고 있습니다.

로보틱스 기술은 앞으로도 계속해서 발전하여 다양한 분야에서 인간의 능력을 보완하고 확장하는 역할을 할 것으로 전망됩니다. 특히 인공지능과의 결합을 통해 로봇의 자율성과 적응력이 더욱 향상될 것으로 예상되며, 이는 산업 현장의 혁신적인 변화를 이끌 것입니다.

4.6. 로보틱스 산업의 전망 및 과제 : 진정한 진보를 위해

로보틱스 시장은 빠르게 성장하고 있으며, 이에 따라 투자도 활발히 이루어지고 있습니다. 골드만삭스(Goldman Sachs)의 보고서에 따르면, 글로벌 휴머노이드 로봇 시장이 2035년까지 380억 달러 규모로 성장할 것으로 예상되며, 로봇 출하량은 2035년에 140만 대에 달할 것으로 전망됩니다. 이는 로보틱스 산업의 폭발적인 성장 가능성을 보여주는 지표라고 할 수 있습니다.

투자 동향을 살펴보면, 빅테크 기업들의 로봇 스타트업 투자가 활발히 이루어지고 있습니다. 예를 들어, 휴머노이드 로봇 스타트업 피규어 AI는 MS, 엔비디아, 아마존, 인텔, 삼성, LG 등 다수의 기업으로부터 약 9,000억 원의 투자를 유치했다고 밝혔죠. 이는 대기업들이 로보틱스 기술의 잠재력과 미래 가치를 높게 평가하고 있음을 보여줍니다.

정부 정책 측면에서도 로봇 산업 육성에 대한 관심이 높아지고 있습니다. 미국은 보스턴, 피츠버그, 실리콘밸리를 중심으로 민간 로봇 생태계를 육성하고 있으며, 정부 차원의 R&D 투자도 확대하고 있습니다. 중국은 '로봇굴기' 정책을 통해 2025년까지 핵심 기술과 부품, 소재의 70%를 자급하겠다는 목표를 수립하고, 로봇 산업 클러스터를 조성하는 등 적극적인 육성 정책을 펼치고 있습니다.

로보틱스 기술의 발전은 우리 사회에 큰 변화를 가져올 것으로 예상됩니다. 노동 시장의 변화는 가장 큰 관심사 중 하나입니다. 로봇이 인간의 일자리를 대체할 것이라는 우려가 있지만, 동시에 새로운 일자리 창출도 예상됩니다. 예를 들어, 서빙 로봇 프로그래머, 로봇 유지보수 전문가 등 새로운 직종이 등장할 것으로 보입니다. 또한, 로봇과 인간의 협업이 증가하면서 기존 직업의 성격이 변화하고, 인간은 더 창의적이고 복잡한 판단이 필요한 업무에 집중할 수 있게 될 것으로 예상됩니다.

물론 기술적 측면에서는 여전히 해결해야 할 과제들이 남아 있습니다. 배터리 기술, 센서 기술, AI 알고리즘 등의 지속적인 개선이 필요하며, 인간과의 자연스러운 상호작용을 위한 기술 개발도 요구됩니다. 특히, 로봇의 안전성과 신뢰성 확보는 매우 중요한 과제라고 할 수 있죠.

윤리적 문제 또한 중요한 이슈로 떠오르고 있습니다. 로봇의 의사결정에 대한 책임 소재, 프라이버시 문제 등 다양한 윤리적 이슈가 제기되고 있습니다. 예를 들어, 자율주행 자동차가 사고 상황에서 내리는 결정에 대한 책임은 누구에게 있는지, 서비스 로봇이 수집하는 개인 정보를 어떻게 보호해야 하는지 등의 문제가 있습니다. 이를 해결하기 위해서는 로봇 개발자의 윤리와 사용자 윤리에 대한 광범위한 사회적 논의가 필요합니다.

이러한 논의를 더욱 구체화하는 방향에서 법적, 제도적 측면에서도 많은 과제가 있습니다. 로봇의 사용과 관련된 법적 규제, 안전 기준 등의 정비가 시급합니다. 현행 도로교통법상 배달 로봇은 인도나 차도 모두 통행 자체가 불법인 상황입니다. 또한, 로봇이 사용하는 카메라의 영상 정보는 개인정보보호법상 문제가 될 수 있습니다. 로봇으로 인한 사고 발생 시 책임 소재 등에 대한 법적 기준 마련도 필요합니다. 이러한 법적, 제도적 정비는 로봇 기술의 발전 속도에 맞춰 신속하게 이루어져야 하지만, 동시에 신중한 접근이 요구됩니다.

마지막으로 사회적 수용성이라는 측면도 반드시 고려해야 합니다. 말하자면 로봇과 공존하는 사회가 제대로 실현되기 위해서는 대중의 인식 개선이 선행되어야 한다는 것입니다. 많은 사람들이 로봇으로 인한 일자리 상실을 우려하고 있으며, 로봇과의 상호작용에 대한 불안감을 가지고 있습니다. 이를 해소하기 위해서는 로봇 기술에 대한 교육과 홍보가 중요합니다. 즉, 로봇이 우리 삶에 가져올 수 있는 긍정적인 변화와 함께, 인간과 로봇의 적절한 역할 분담에 대한 사회적 합의를 위한 노력이 필요할 것입니다.

한편, 로봇 기술의 발전은 다양한 측면에서 긍정적인 변화를 가져올 수 있을 것이라는 기대를 하게 합니다. 먼저 로봇 기술의 발전으로 인해 새로운 형태의 일자리와 산업을 창출할 가능성이 있습니다. 예를 들어, [40]텔레프레즌스(telepresence) 로봇의 보편화는 제조업에서도 반자율 재택근무를 가능하게 하고, 거동이 불편한 사람들에게도 새로운 일할 기회를 제공할 수 있습니다. 또한, 로봇 프로그래밍, 유지보수, 로봇 윤리 전문가 등 새로운 직종의 등장도 예상됩니다.

또한 로봇 기술의 발전은 고령화 사회에 대한 해결책이 될 수도 있습니다. [41]웨어러블(wearable) 로봇과 텔레프레즌스 로봇은 노인들의 신체적 부담을 경감시키고, 사회 참여를 증진시킬 수 있습니다. 일본에서는 이미 거동이 불편한 사람들이 집에서 텔레프레즌스 로봇에 접속하여 카페의 접객 업무나 문화해설 업무를 수행하는 사례가 있습니다. 이는 로봇 기술이 사회적 포용성을 높이는 데 기여할 수 있음을 보여줍니다. 세계 최고 수준의 고령화 속도를 보이고 있는 우리나라에서 로보틱스에 주목해야 하는 또 하나의 이유이기도 합니다.

〈웨어러블 로봇〉

〈출처 : LG〉

40) 텔레프레즌스(telepresence) 로봇은 원격지에 있는 사용자가 로봇을 통해 다른 장소에 '존재'하는 것처럼 느끼게 해주는 로봇으로, 사용자는 이를 통해 물리적으로 다른 장소에 있어도 로봇을 통해 이동하며, 카메라, 마이크, 스피커 등을 이용해 그 장소에 있는 사람들과 상호작용할 수 있다.

41) 웨어러블(wearable) 로봇은 사용자가 입거나 장착할 수 있는 형태의 로봇으로, 주로 사용자의 신체 기능을 보조하거나 증강하는 역할을 한다. 주로 의료, 산업, 군사 분야에서 사용된다.

그러나 이러한 발전이 모든 문제를 해결해 줄 것이라는 기대만을 가져서는 긍정적인 측면보다 부정적인 결과를 초래할 수도 있을 것입니다. 만약 로봇 기술의 혜택이 사회 전체에 고르게 분배되지 않을 경우, 기술 격차로 인한 새로운 형태의 불평등이 발생할 수 있습니다. 또한, 로봇에 대한 과도한 의존은 인간의 능력 퇴화나 사회적 고립 등의 문제를 야기할 수 있습니다. 따라서 로봇 기술의 발전과 함께 긍정적인 가능성을 극대화하고, 안정적으로 우리사회에 안착시키기 위해서는 사회적, 윤리적 고려가 항상 병행되어야 할 것입니다.

결론적으로, 로보틱스 기술은 앞으로도 빠르게 발전할 것으로 예상되며, 이는 우리 사회와 경제에 큰 영향을 미칠 것입니다. 이러한 변화를 긍정적인 방향으로 이끌기 위해서는 기술 개발과 함께 윤리적, 법적, 사회적 측면에서의 준비가 필요합니다. 로봇이 인간의 능력을 확장하고 삶의 질을 향상시키는 도구로 활용되면서도, 동시에 인간의 고유한 가치와 역할을 보완하는 방향으로 발전해 나가야 할 것입니다. 이를 위해서는 정부, 기업, 학계, 시민사회 등 다양한 이해관계자들의 협력과 지속적인 대화가 필요할 것입니다.

5. 메타버스 : 가상과 현실의 융합, 새로운 세계의 탄생

5. 메타버스 : 가상과 현실의 융합, 새로운 세계의 탄생

5.1. 메타버스의 개념과 의미 : 확장된 현실의 지평

우리는 지금 새로운 세계로의 문이 열리는 역사적 전환기를 맞이하고 있습니다. 가상과 현실의 경계가 무너지며 디지털 세계와 물리적 세계가 융합되는 거대한 변화의 물결 속에 서 있는 것이죠. 이 새로운 패러다임 이동의 중심에는 '메타버스(Metaverse)'가 자리하고 있습니다.

〈닐스티븐슨의 소설 '스노우 크러쉬'〉

〈출처 : Wikipedia〉

메타버스란 단어 자체는 가상을 의미하는 '메타(Meta)'와 세계를 뜻하는 '유니버스(Universe)'의 합성어로, 3차원 가상세계를 일컫는 개념으로 사용되어 왔습니다. 1992년 닐 스티븐슨(Neal Stephenson)의 소설 '스노우 크래쉬(Snow Crash)'에서 처음 등장한 이후, 게임이나 온라인 커뮤니티 서비스 등을 지칭하는 용어로 쓰여 왔죠. 하지만 최근 들어 메타버스는 그 외연을 크게 넓혀가며 우리 삶 전반에 걸친 혁신의 키워드로 급부상하고 있습니다.

이는 디지털트랜스포메이션의 가속화, 코로나19로 인한 비대면 문화의 확산 등이 복합적으로 작용한 결과로 볼 수 있는데요. 무엇보다 초실감 미디어 기술의 발달로 현실과 가상의 구분이 모호해지고, 온오프라인을 넘나드는 하이브리드 형태의 사회문화 활동이 일상화되면서 메타버스는 더 이상 먼 미래의 이야기가 아닌 우리 삶의 일부로 자리 잡아 가고 있습니다.

이런 맥락에서 메타버스에 대한 정의도 보다 확장된 관점에서 이루어지고 있습니다. 예컨대 미국의 전기전자학회 (IEEE:Institute of Electrical and Electronics Engineers)는 메타버스를 '가상 환경이 물리적 환경과 융합되어 사용자들이 상호작용하고 경험할 수 있는 통합된 디지털 네트워크'로 정의하고 있고, 글로벌 시장조사기관 가트너(Gartner)는 '공유되고 지속적인 3D 가상 공간'을 메타버스의 핵심 속성으로 꼽고 있습니다.

즉, 현재의 메타버스 담론은 단순히 게임이나 플랫폼 차원을 넘어, 현실과 가상이 공존하고 상호작용하는 미래 인터넷, 나아가 우리의 일상 자체를 재편하는 거대 흐름으로서 메타버스에 주목하고 있다고 볼 수 있겠죠. 메타(구 페이스북)의 마크 저커버그(Mark Zuckerberg)가 메타버스를 '체화된 인터넷(embodied internet)'으로 표현한 것도 이런 맥락에서 이해할 수 있을 것 같습니다. 참고로 마크 저커버그는 페이스북의 사명을 메타(META)로 바꾸기도 했습니다. 그만큼 미래의 인터넷으로서 메타버스의 가능성을 높게 본 것라고 할수 있습니다.

결국 메타버스의 본질은 '초월(Beyond)'에 있다고 할 수 있겠습니다. 가상과 현실, 온라인과 오프라인, 인간과 테크놀로지 등 그간의 경계를 넘어, 보다 확장되고 연결된 세계로 우리를 초대하는 거대한 전환의 물결이 바로 메타버스인 셈이죠. 엄밀히 말해 새로운 개념은 아닐 수 있지만, 최근 들어 기술의 발달, 팬데믹의 경험, MZ세대의 부상 등이 맞물리며 메타버스는 다가올 미래 문명의 핵심 코드로 자리매김하고 있습니다.

메타버스에 대한 가장 큰 오해는 메타버스와 가상현실을 혼동한다는 것입니다. 그러나 메타버스는 단순한 가상 공간이나 가상현실만을 말하는 것이 아닙니다. 메타버스에 대한 올바른 이해는 현실 세계와 가상 세계가 유기적으로 연결되고 상호작용하는 새로운 차원의 디지털 환경으로 봐야 할 것입니다. 이렇게 현실 세계를 포괄하고 있다는 측면에서 메타버스는 우리의 삶과 사회를 근본적으로 변화시킬 수 있는 잠재력을 가지고 있습니다. 우리가 일하고, 학습하고, 소통하고, 즐기는 방식을 크게 바꿀 수 있습니다.

이러한 이해를 바탕으로 주목해야할 메타버스의 특징을 살펴보면 다음과 같습니다.

첫째, 지속성(Persistence)입니다. 메타버스는 사용자가 접속을 종료해도 계속해서 존재하고 발전합니다.

둘째, 실시간성(Real-time)입니다. 메타버스 내에서의 활동은 실시간으로 이루어지며, 사용자들은 동시에 상호작용할 수 있습니다.

셋째, 경제 시스템(Economy)입니다. 메타버스 내에서 사용자들은 가상의 재화와 서비스를 생산, 소비, 거래할 수 있습니다.

넷째, 연결성(Connectivity)입니다. 다양한 플랫폼과 경험이 서로 연결되어 하나의 거대한 생태계를 형성합니다.

이러한 특징들로 인해 메타버스는 단순한 기술적 진보를 넘어 우리 사회와 문화, 경제의 패러다임을 변화시킬 수 있는 잠재력을 가지고 있습니다. 앞으로 메타버스가 어떻게 발전하고 우리 삶에 어떤 영향을 미칠지 주목할 필요가 있습니다.

5.2. 인터넷으로서의 메타버스 : 인터넷 진화의 종착점?

메타버스의 개념을 조금 더 실감나게 이해하기 위해서는 인터넷의 진화 과정을 되짚어볼 필요가 있습니다. 왜냐하면 메타버스의 등장은 웹이라는 거대 인프라의 변천사와 궤를 같이 한다고 볼 수 있기 때문인데요. 인류의 의사소통 방식, 정보습득 및 공유의 패턴을 근본적으로 바꿔온 인터넷 기술의 발전 양상은 곧 메타버스로의 진화를 예고하는 일종의 서사였다고도 할 수 있겠습니다.

인터넷 역사를 되짚어 보면, 인터넷 통신으로 대변되는 첫 번째 인터넷 시대는 1980년대 후반 퍼스널컴퓨터(PC)의 대중화와 정보의 디지털화 및 연결이 이뤄지기 시작한 인터넷의 태동기라 할 수 있습니다. 분산된 문서와 정보들이 하이퍼링크로 연결되는 정보 인프라의 기반이 마련된 시기였죠.

이어 2000년대 초중반부터 본격화된 두 번째 인터넷 시대는 소셜미디어와 모바일의 확산으로 대표되는데요. 단순한 정보 수용자에 머물렀던 이용자들이 콘텐츠의 생산과 유통에 직접 참여하게 되면서, 쌍방향 소통과 관계 형성이 인터넷 문화의 핵심으로 자리 잡기 시작했습니다. 이런 특성을 우리는 웹 2.0으로 정의하기도 하고 플랫폼의 전성기라고 정의하기도 합니다.

그리고 지금 우리는 '공간화된 인터넷' 시대를 전망하고 있습니다. 물론 아직은 XR디바이스의 보급이 일반화되지 못했기 때문에 본격적인 공간 인터넷 시대로 진입했다고 할 수는 없지만, 평면의 디스플레이 너머로 존재하던 인터넷 세계가 실감나는 경험과 상호작용을 가능하게 하는 입체적 공간으로 구현되는 사용자 경험을 제공하기 시작했다는 점에서 일종의 변곡점이 가까워지고 있다고 할 수는 있겠습니다. VR/AR 등 실감 미디어 기술의 발달, 대규모 동시접속을 가능케 하는 초고속 네트워크 인프라의 구축 등이 이런 변화를 뒷받침하고 시기를 앞당기고 있다고 할 수 있겠습니다.

즉, 메타버스는 이처럼 연결과 상호작용성을 기반으로 진화해 온 인터넷의 넥스트 버전이라고 할 수 있겠습니다. 지금까지 정보의 바다를 유영하던 시대에서 공간화된 인터넷 안에서 사용자 간의 관계와 사용자 개인 중심으로 패러다임이 이동하고, 나아가 그 무대가 물리적 현실까지 포괄하는 거대한 경험의 세계로 확장되어 갈 것으로 예측되고 있습니다. 이것이 바로 메타버스가 '인터넷의 종착점'으로 불리는 이유라고 할수 있겠습니다. 흡사 과거 SF영화에서나 상상했던 미래의 풍경이 눈앞의 현실로 성큼 다가오고 있는 것 같습니다.

이러한 방향성은 웹 플랫폼의 진화 방향성과도 밀접한 관련이 있다고 볼수 있습니다. 최근 십수년 간 진행되어온 모바일 퍼스트(Mobile First)에서, 이제 본격화된 AI 퍼스트(AI First)를 거쳐, 향후에는 많은 빅테크 기업들을 중심으로 메타버스 퍼스트(Metaverse First) 전략을 천명할 것으로 예측되고 있습니다. 이것은 향후 개인과 기업의 디지털 활동은 물론, 광범위한 사회경제적 가치 창출의 무대가 메타버스 플랫폼 위에서 펼쳐질 것이란 의미로 이해할 수 있을 것입니다.

이처럼 메타버스는 첨단 디바이스와 만나 인터넷의 최전선을 개척해 나가고 있습니다. 이는 웹과 현실의 융합 현상에서 가장 극적으로 드러나는데요. 일례로 VR 헤드셋이나 AR 글래스 같은 웨어러블 기기를 착용하면, 일상과 무대가 메타버스 안으로 빨려 들어가는 듯한 '몰입' 경험이 발생합니다. 또한 영화 '레디 플레이어 원(Ready Player One)' 속 미래 사회처럼, 메타버스 아바타를 통한 분신 활동이 점차 활성화될 것으로 예상됩니다.

그리고 무엇보다 우리의 디지털 활동이 데이터를 중심으로 하나로 연결되는 '초연결' 환경의 도래가 주목할 만합니다. 메타버스 플랫폼을 통해 우리의 취향과 니즈에 딱 맞는 맞춤형 서비스를 제공받는 동시에, 우리의 활동 데이터가 다시 새로운 창조와 혁신의 원천이 되는 선순환 구조가 확립될 가능성이 높기 때문입니다. 이는 데이터에 기반한 초개인화된 사용자 경험과 혁신이 메타버스 시대의 화두가 될 것임을 시사하는 대목이라 할 수 있겠습니다.

이런 맥락에서 메타버스는 4차 산업혁명의 총아로 평가받는 AI와의 융합이 가장 큰 성장동력이 될 것이라는 전망이 점차 힘을 얻고 있습니다. 아바타의 자연스러운 대화와 행동을 구현하는 데 LLM, 음성 합성, 생성형 AI 등 최신 AI 기술이 차원이 다른 발전의 모멘텀이 될 것이 확실하고, 광활한 메타버스 공간의 콘텐츠를 자동 생성하고, 상호작용을 강화하고 지능화된 큐레이션을 제공하는 데에도 딥러닝 알고리즘이 강력한 조력을 제공할 것이기 때문입니다. 특히 개인 맞춤형 서비스의 핵심 동력으로서 AI의 역할도 더욱 부각될 것으로 예상됩니다.

이처럼 메타버스는 웹과 테크놀로지의 공진화 과정이 결실을 맺는 미래 인터넷의 모습이라 할 수 있을 것 같습니다. 과거의 평면적이고 고정된 인터넷 세계를 넘어, 현실과 교감하며 개개인의 삶에 스며드는 역동적 인터넷의 모습. [42]앨런 케이(Alan Kay)가 말한 '상상하는 만큼 얻을 수 있는 도구'로서 인터넷은 메타버스와 함께 새로운 도약을 꿈꾸는 듯합니다. 우리가 그 진화의 한가운데 서 있다는 사실이 새삼 가슴 뛰는 일이 아닐 수 없습니다.

5.3. 가상과 현실의 융합, 메타버스 : 시공간의 재해석

메타버스는 우리가 인식하는 현실, 더 나아가 우리가 살아가는 시공간 개념 자체를 근본적으로 바꿔놓을 혁명적 잠재력을 품고 있습니다. 가상과 물리적 실재의 경계가 무너지며 융합되는 메타버스 세계는 기존의 시공간 법칙에서 한 발짝 벗어난 초월적 영역이라고 할 수 있습니다. 그렇다면 메타버스는 구체적으로 어떤 방식으로 '시공간의 재해석'을 가능하게 할까요?

먼저 메타버스는 우리에게 기존과는 다른 시간 경험을 선사합니다. 현실 세계에서의 시계 시간(Clock Time)을 넘어, 개인의 내적 시간 인식에 기반한 이벤트 시간(Event Time)이 주를 이루게 됩니다. 말하자면 시간의 연속성보다는 개인이

---

42) 앨런 케이(Alan Kay)는 미국의 컴퓨터 과학자이자 프로그래머로, 개인 컴퓨팅의 개념과 사용자 인터페이스 디자인에 지대한 영향을 끼친 인물이다.

경험하는 사건의 의미와 강도가 시간성을 규정하게 되는 것이죠.

이는 메타버스 플랫폼 내에서 동기화된 경험을 공유하는 개인들끼리 형성되는 '사회적 시간'의 등장을 의미하기도 합니다. 현실에서의 낮과 밤, 계절의 흐름과 무관하게 메타버스 공간 안에서는 별도의 시간이 존재하게 됩니다. 시간에 구애받지 않고 365일, 24시간 언제나 메타버스 쇼핑이나 콘서트가 가능해지고, 과거-현재-미래를 아우르는 시간 여행적 체험도 구현이 가능해집니다.

또한 메타버스는 우리에게 물리적 한계가 사라진 무한한 공간을 제공합니다. 현실에서는 시공간적 제약으로 인해 도달하기 어려웠던 영역들, 지리적 간극으로 만나기 힘들었던 사람들과의 교류가 메타버스 안에서는 자유롭게 이뤄질 수 있게 됩니다. 파리의 에펠탑 앞에서 열리는 글로벌 팬 미팅에 내 아바타를 통해 참여한다거나, 사무실 공간 제약 없이 전 세계 동료들과 브레인스토밍을 하는 일이 가능해지는 것입니다.

나아가 메타버스 안에서는 현실의 건축 규범이나 물리 법칙을 뛰어넘는 상상력의 공간 구현도 가능해집니다. 창의적 영감에 따라 자유자재로 공간을 디자인하고 경험할 수 있게 되는 것이죠. 중력을 거스르는 건물, 뫼비우스의 띠처럼 이어지는 길, 시시각각 변화무쌍한 환경 등 현실에서는 실현 불가능한 공간들이 메타버스 안에서는 구현 가능한 리얼리티가 될 수 있습니다.

이렇듯 메타버스는 기존의 시공간 개념을 확장하고 재구성합니다. 시공간의 물리적 제약을 초월해 자유로운 활동과 상호작용이 가능한 세계라는 점에서, 메타버스는 일종의 '무한의 영역'이라 부를 만합니다. 그러나 주의할 점은 이것이 결코 현실과 동떨어진 가상의 공간이 아니라는 것입니다. 오히려 메타버스는 디지털과 아날로그, 가상과 실재의 경계를 넘나드는 융합의 장으로 기능합니다.

가령 포켓몬 고가 실제 도시 공간 위에 AR 콘텐츠를 결합한 것처럼 메타버스는 우리의 물리적 환경 안에 스며들어 있습니다. 길을 걷다 건물에 내장된 AR 광고를 마주한다거나, VR 쇼핑을 통해 구매한 가구를 실제 집 안에 배치해 보는 식의 경험을 할 수 있습니다. 이는 결국 메타버스가 현실 기반의 데이터와 맥락 위에서 구현되며, 또 현실에 영향을 미치는 실재적 힘을 갖는다는 것을 의미합니다.

따라서 메타버스 시대의 시공간은 물리적 실재와 디지털 환경의 끊임없는 상호작용 속에서 재해석되는 속성을 띠게 될 것입니다. 경계를 자유로이 넘나들며 확장되는 시공간 개념 속에서 우리는 현실과 다를 바 없는, 그러나 한층 풍요로운 경험의 세계를 마주하게 될 것입니다

5.4. 메타버스 구현을 위한 매개체 : XR 디바이스와 AI 휴먼

메타버스는 현실과 가상이 융합되어 시공간의 한계를 넘어선 몰입감 높은 경험을 제공하는 세계를 지향합니다. 이러한 메타버스를 실현하기 위해서는 다양한 기술의 발전이 필요하며, 그 중에서도 사용자와 메타버스를 연결하는 '매개체'의 역할이 특히 중요합니다.

메타버스 구현을 위한 매개체는 크게 XR(eXtended Reality) 디바이스와 AI 휴먼으로 나눌 수 있습니다. XR 디바이스는 사용자가 직접 착용하거나 사용하는 기기를, AI 휴먼은 메타버스 내에서 사용자를 대신하는 디지털 캐릭터, 즉 아바타

를 의미합니다.

XR 디바이스 분야에서는 최근 급속한 발전이 이루어지고 있습니다. VR(가상현실) 헤드셋의 경우, 메타의 메타퀘스트3(Meta Quest 3)는 고해상도 디스플레이와 향상된 프로세서를 탑재하여 더욱 선명하고 빠른 가상 경험을 제공합니다. 소니(Sony)의 플레이스테이션 VR2(PlayStation VR2)는 게임 특화 VR 기기로, 햅틱 피드백(Haptic Feedback)과 아이 트래킹(Eye Tracking) 기능을 통해 몰입감을 극대화합니다.

AR(증강현실) 글라스 분야에서는 마이크로소프트의 홀로렌즈2(HoloLens 2)가 산업 및 교육 분야에서 활발히 활용되고 있으며, 애플의 비전 프로(Vision Pro)는 VR과 AR의 경계를 허무는 혁신적인 MR(혼합현실) 경험을 제공하고 있습니다. 구글도 새로운 AR 글라스 프로젝트를 진행 중이며, 일상생활에서의 AR 활용을 목표로 하고 있습니다.

〈애플의 MR기기 비전 프로〉

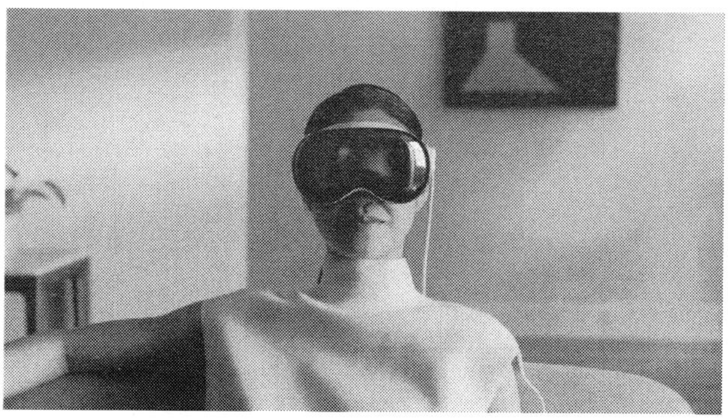

〈출처 : Apple〉

더 나아가, 모조비전(Mojo Vision)과 같은 기업은 콘택트렌즈 형태의 AR 기기를 개발 중입니다. 이는 착용감과 편의성을 극대화하여 일상생활 속에서 더욱 자연스럽게 AR 기술을 활용할 수 있게 할 것입니다.

한편, 일론 머스크(Elon Musk)의 뉴럴링크(Neuralink)는 뇌-컴퓨터 인터페이스 기술을 통해 직접적인 신경 연결을 구현하려 하고 있고 원숭이 테스트에 이어 전신마비 환자를 대상으로 한 인간 대상의 임상도 진행하고 있습니다. 만약 이 기술이 안정적으로 구현된다면, 외부 기기 없이도 생각만으로 메타버스와 상호작용할 수 있는 미래가 올 수도 있습니다.

〈일론머스크의 뉴럴링크〉

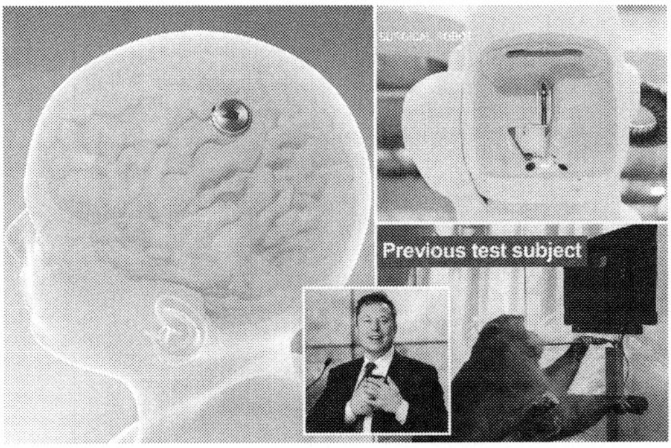

〈출처 : Newyork Post〉

AI 휴먼 기술도 빠르게 발전하고 있습니다. 최신 AI 기술을 활용한 디지털 캐릭터들은 사용자의 음성, 표정, 움직임을 실시간으로 반영할 수 있으며, 더 나아가 사용자의 성격과 감정까지 표현할 수 있게 될 것입니다.

특히 에픽게임즈(Epic Games)의 메타휴먼 크리에이터(Metahuman Creator)는 이 분야에서 주목할 만한 발전을 보여주고 있습니다. 2021년 출시 이후 지속적으로 업데이트되고 있는 이 도구는 영화, 게임 산업에서 포토리얼리스틱 디지털 휴먼 제작에 널리 사용되고 있습니다. 메타휴먼 크리에이터를 통해 사용자들은 고도로 사실적인 디지털 휴먼을 쉽고 빠르게 만들 수 있으며, 이를 다양한 메타버스 환경에 적용할 수 있습니다.

이 기술은 단순히 외모를 만드는 것에 그치지 않습니다. 메타휴먼 크리에이터로 만들어진 디지털 휴먼은 실시간 렌더링이 가능하며, 고급 [43]리깅(Rigging) 시스템을 통해 자연스러운 표정과 움직임을 구현할 수 있습니다. 이는 메타버스 내에서 사용자들이 더욱 생동감 있고 현실적인 아바타를 통해 상호작용할 수 있게 해줍니다.

또한, 메타휴먼 크리에이터는 다양한 3D 제작 도구와 호환되어, 개발자들이 자신들의 워크플로우에 맞게 유연하게 사용할 수 있습니다. 이는 메타버스 콘텐츠 제작의 효율성을 크게 높이고, 더 다양하고 풍부한 가상 환경을 만들어내는 데 기여하고 있습니다.

최근에는 대화형 AI 기술의 발전으로 이러한 디지털 휴먼과의 자연스러운 대화가 가능해지고 있습니다. GPT-4와 같은 LLM을 디지털 휴먼에 활용하기 위한 시도들이 이어지고 있어 AI 휴먼은 더욱 지능적이고 맥락을 이해하는 대화를 할 수 있게 될 것입니다.

이러한 기술 발전은 메타버스 경험을 더욱 풍부하고 실감나게 만들 것입니다. 하지만 동시에 개인정보 보호, 윤리적 문제, 기술 의존도 증가 등의 우려도 제기

43) 리깅(Rigging)은 3D 애니메이션, 게임 개발, 영화 제작, 그리고 다양한 시뮬레이션 작업에서 중요한 과정으로, 캐릭터나 객체에 뼈대(스켈레톤)와 제어 시스템을 설정하여 애니메이션이 가능하도록 만드는 작업을 말한다.

되고 있습니다. 특히 AI 휴먼과 실제 인간을 구분하기 어려워지는 '불쾌한 골짜기' 현상이나, 디지털 아이덴티티의 진정성 문제 등이 새로운 과제로 떠오르고 있습니다.

〈메타휴먼 크리에이터〉

〈출처 : Unreal Engine〉

결론적으로, XR 디바이스와 AI 휴먼 기술의 발전은 메타버스의 실현과 발전에 핵심적인 역할을 할 것입니다. 이러한 기술들이 어떻게 발전하고 활용되느냐에 따라 미래 메타버스의 모습이 결정될 것입니다. 앞으로 이 기술들이 더욱 발전하여 우리의 일상 속에 자연스럽게 녹아들 날이 올 것이며, 이는 우리의 삶과 소통 방식을 근본적으로 변화시킬 것입니다. 동시에 이러한 기술의 발전이 가져올 수 있는 부작용과 윤리적 문제에 대해서도 지속적인 논의와 대비가 필요할 것입니다.

5.5. 메타버스 시대의 도전과 과제 : 윤리와 규범의 재정립

지금까지 살펴본 바와 같이 메타버스는 인류에게 무한한 가능성과 기회를 제공할 것으로 기대됩니다. 그러나 동시에 예상치 못한 혼란과 부작용에 대한 우려도 적지 않은 것이 사실이죠. 기술이 주는 편리함 이면에는 언제나 극복해야 할 도전과 과제가 존재하기 마련입니다. 메타버스로의 큰 변화를 준비하는 우리에게 요구되는 철학적, 제도적 준비는 무엇일까요?

무엇보다 메타버스 세계의 윤리와 규범 정립이 시급해 보입니다. 익명성을 기반으로 한 가상공간의 특성상 유해 콘텐츠 유통, 사이버 폭력 등 부정적인 행태가 사회 문제로 대두될 가능성이 큽니다. 아바타를 통한 대리 범죄나 반사회적 행위가 발생할 경우 책임 소재를 가리기도 쉽지 않을 것입니다. 이에 따라 가상공간에서의 바람직한 시민의식 함양을 위한 '메타버스 예절' 교육이 필요해 보이고, 자율규제와 법적 규제의 균형 잡힌 조합을 모색하는 정책적 노력도 요구됩니다.

데이터 소유권(Data Ownership)의 문제도 주목해야 할 과제 중 하나입니다. 메타버스 내에서 생성되는 방대한 데이터들, 그리고 이를 기반으로 한 새로운 가치 창출이 본격화되면 데이터 소유권을 둘러싼 논란이 커질 수밖에 없습니다. 개인정보의 보호와 활용 사이의 균형, 데이터 활용 동의 절차 간소화 등 상생의 방안을 고민해야 할 시점입니다.

메타버스 경제시스템의 설계 또한 중요한 주제가 될 것 같습니다. 최근 디지털 자산의 거래와 창작자 경제가 활성화되며 메타버스 플랫폼 내의 자체적인 경제생태계가 빠르게 진화하고 있습니다. 따라서 소비자 보호, 세금 제도, 금융시스템 등의 측면에서 기존의 제도와 일관성을 맞추고 안전성을 확보하려는 노력이 시급해 보입니다. 블록체인 기술과의 접목으로 투명성을 높이는 한편, 건전한 거래 문화를 뒷받침할 수 있는 기반 시설 구축도 서둘러야 할 것입니다.

이 밖에도 메타버스 세계에 지나치게 빠져들어 현실 세계와의 괴리가 생기는 문제, 중독 문제 등도 해결해야 할 도전과제로 꼽힙니다. 이는 단순히 개인 차원의 문제가 아니라 사회적 능력 저하, 세대 간 소통 단절 등으로 이어질 수 있다는 점에서 경계해야 할 부분입니다. 아울러 XR 기기를 오래 사용함에 따른 건강상의 위험, 가상공간에서의 성범죄나 아동학대 가능성 등도 미리 대비해야 할 영역이라 할 수 있습니다.

사실 이러한 문제의식은 메타버스가 시작 단계부터 안고 있던 고민거리이기도 합니다. 허구와 현실의 결합, 그리고 그로 인해 파생되는 사회문화적 영향에 대한 우려는 늘 뜨거운 논점이 되어 왔습니다. 중요한 건 기술의 긍정적인 면을 극대화하고 부정적인 면은 최소화하려는 사회 구성원 모두의 노력일 것 같습니다. 정부의 선제적 정책, 기업의 사회적 책임, 이용자들의 올바른 사용 자세 등이 삼위일체를 이뤄야 한다는 것입니다.

기술이 주는 편리함과 효용에 도취되기보다는, 근본적인 인간 가치에 대한 깊은 고민이 필요한 시점입니다. 인간성 상실의 어두운 미래를 경계하며, 연결과 혁신, 상생의 이정표를 향해 나아가려는 지혜가 요청되는 대목입니다. 우리가 어떤 가치관과 비전을 갖고 메타버스를 설계해 나가느냐에 따라 그 잠재력의 방향이 결정될 것입니다. 기술과 인간, 가상과 현실의 조화로운 공존을 모색하는 집단지성의 결집이 어느 때보다 중요해 보입니다.

5.6. 메타버스로 변화하는 일터의 풍경 : 가상오피스의 시대

메타버스는 단순한 기술 트렌드를 넘어 우리 경제의 새로운 패러다임으로 자리 잡아 가고 있습니다. 디지털 세계와 현실 세계가 융합되는 메타버스 플랫폼 안에서 새로운 형태의 경제활동이 활발히 일어나고 있으며, 특히 '업무 방식의 대전환'을 예고하고 있다는 점에서 주목받고 있습니다. 원격근무의 증가, MZ세대의 부상 등으로 기업의 업무 공간과 협업 방식이 근본적으로 재편되고 있는 상황 속에서 메타버스 기술은 차세대 업무 혁신의 핵심 동력으로 부상하고 있습니다.

가상오피스는 포스트코로나 시대 새로운 업무공간 패러다임으로 부상하고 있습니다. 가상오피스는 물리적 공간의 제약을 초월한 몰입감 있는 협업이 가능해진다는 점에서 재택근무의 단점을 보완하는 이상적 대안으로 평가받고 있습니다. 실제로 메타(구 페이스북)는 VR 기반의 '호라이즌 워크룸(Horizon Workrooms)'를 공개하며 가상 업무공간으로의 전환을 제시하고 있습니다.

〈호라이즌 워크룸즈〉

〈출처 : Meta〉

가상오피스에서는 아바타를 통해 동료들과 얼굴을 마주보며 소통하고, 가상의 모니터와 키보드로 업무를 수행하게 됩니다. 공간 제약 없이 대규모 회의가 가능하고, 프로젝트룸을 통한 실시간 협업도 현실화되는 등 물리적 사무실에 버금가는 생산성을 기대할 수 있게 됩니다. 불필요한 출퇴근에 소모되는 시간과 체력을 절감하는 동시에, 일과 삶의 균형을 도모할 수 있다는 점도 가상오피스의 장점으로 꼽힙니다.

최근 주요 IT기업들의 메타버스 솔루션도 일터 혁신의 방향성을 보여줍니다. 마이크로소프트는 '메시 포 팀즈(Mesh for Teams)'를 통해 MR 기반의 원격 협업 시스템을 제공하고 있습니다. 이 밖에도 게더(Gather), 스페이셜(Spatial) 등 업무 특화형 메타버스 스타트업들도 속속 등장하여 나름대로 고유의 시장을 형성하고 있는 상황입니다.

〈스페이셜〉

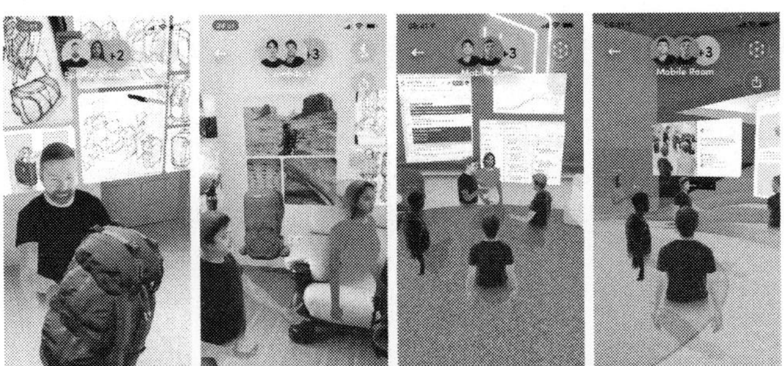

〈출처 : Spatial〉

중장기적으로는 디지털 트윈 기술을 활용한 지능형 업무공간 구축도 확산 될 전망입니다. 사무실은 물론 공장에 이르기까지 물리적 환경을 데이터화하고, 최적의 운영을 위한 시뮬레이션을 수행함으로써 혁신적인 의사결정을 지원하는 인프라로 자리잡을 것으로 보입니다. 이른바 '가상-물리 융합형' 사무환경의 구현이 가시화되고 있다고 할 수 있습니다.

이러한 가상 업무공간의 일상화는 단순히 '어디서' 일하는가를 넘어 '어떻게' 일하는가에 대한 근본적 변화를 초래할 것으로 보입니다. 물리적 접촉과 대면 소통의 한계를 뛰어넘어 장소에 구애받지 않는 유연한 협업이 가능해짐에 따라 기업 경영의 새로운 패러다임으로 자리잡을 가능성이 높습니다. 특히 MZ세대로 대표되는 디지털네이티브 인재들의 선호도를 감안할 때 메타버스 기반의 스마트워크는 더 이상 먼 미래의 이야기가 아닌 당면 과제로 다가오고 있습니다.

또한 메타버스는 새로운 형태의 직업과 일자리를 창출할 것으로 예상됩니다. 메타버스 공간 디자이너, 가상 이벤트 플래너, 디지털 자산 관리자 등 기존에 없던 직군들이 등장할 수 있습니다. 또한 현실 세계의 전문성을 메타버스로 확장하는 형태의 직업도 늘어날 것입니다. 예를 들어, 메타버스 내 법률 자문가, 가상 부동산 중개인, 디지털 패션 디자이너 등이 그러한 예가 될 수 있습니다.

물론 대면 협업과 조직문화의 중요성을 간과해서는 안 됩니다. 기술 발전이 모든 것을 대체할 수는 없기 때문이죠. 그러나 변화의 흐름이 분명해 보이는 만큼 선제적 대비와 적응 노력이 요구됩니다. 왜냐하면 메타버스 시대가 도래하게 되면 그에 맞는 업무 혁신을 선도하는 기업이 미래 경쟁력을 좌우할 것이라는 전망을 쉽게 할 수 있기 때문입니다.

결론적으로, 메타버스로 인한 일터의 변화는 공간의 제약을 넘어 업무의 본질을 재정의하는 수준으로 진화할 것으로 보입니다. 창의성과 협업, 유연성이 더욱 중요해지는 미래 일터에서, 메타버스는 이러한 가치들을 구현하는 핵심 플랫폼으로 자리잡게 될 것입니다. 우리는 지금 일하는 방식의 대전환 앞에 서 있습니다. 이 변화의 물결을 어떻게 받아들이고 활용할지, 지금부터 진지하게 고민해봐야 할 때입니다.

5.7. 메타버스 커머스의 진화 : 현실과 가상이 결합된 새로운 쇼핑

한편 메타버스 기술은 유통과 쇼핑 분야에서도 새로운 지평을 열고 있습니다. 단순히 물건을 사고파는 것을 넘어 고객 경험과 브랜드 가치를 극대화하는 플랫폼으로서 메타버스 커머스가 주목받고 있는데요. 이커머스와 오프라인 매장의 장점을 결합한 혁신적 유통 공간으로의 진화가 가속화되고 있다고 할 수 있겠습니다.

가장 대표적인 변화는 가상 매장의 등장입니다. 물리적 제약을 초월한 몰입감 있는 쇼핑 체험을 제공하는 것이 특징인데요. 가상세계를 배경으로 실제 매장을 방불케 하는 섬세한 인테리어는 물론, 제품을 직접 착용하고 사용해 보는 것 같은 가상경험을 제공하는 등 실제와 같은 상호작용성이 구현되는 식입니다. 나아가 아바타를 활용한 일대일 맞춤형 쇼핑 가이드, AI 큐레이션 등 오프라인에서 경험하기 힘든 차별화된 서비스도 제공됩니다.

버버리, 발렌시아가 등 명품 브랜드부터 나이키, 아디다스 등 스포츠 브랜드에 이르기까지 메타버스 플랫폼 진출이 활발한 가운데, 이용자 참여형 콘텐츠 마케팅도 새로운 트렌드로 자리잡고 있습니다. 예컨대 브랜드 테마의 게임 공간을 제공하고, 사용자들이 직접 콘텐츠를 생성하게 함으로써 자연스러운 브랜드 경험을 유도하는 식인데요. 제페토, 로블록스, 포트나이트 등 주요 메타버스 플랫폼에서 브랜드 경험 특화 맵이 잇따라 선보이는 이유이기도 합니다.

〈제페토 플랫폼 내의 구찌 브랜드 공간〉

〈출처 : Gucci〉

한편 가상 인플루언서를 활용한 라이브커머스도 새로운 마케팅 트렌드로 떠오르고 있습니다. 루이, 제인 등 기존의 버추얼 인플루언서는 물론 롯데홈쇼핑에서 자체적으로 제작한 루시와 같은 디지털 휴먼들이 실시간 방송을 진행하며 제품을 소개하고 판매하는 형식인데요. MZ세대의 감성코드에 맞는 차별화된 콘텐츠와 소통방식으로 호응을 얻고 있습니다. 인간 셀럽을 활용한 기존 라이브커머스 대비 비용 효율성이 높고, 필요하다면 24시간 365일 내내 라이브커머스를 진행할 수 있다는 점, 브랜디드 콘텐츠 제작이 용이하다는 것도 가상 인플루언서만의 강점으로 평가받습니다.

이 밖에도 NFT(Non-Fungible Token)를 활용한 디지털 자산 거래도 메타버스 커머스의 새로운 영역으로 급부상하고 있는데요. 희소성 있는 디지털 제품을 수집하고 소유할 수 있게 해줌으로써, 고객 로열티 제고에도 한몫하고 있습니다. 나아가 오프라인 매장에서 VR/AR 기술을 접목한 몰입형 체험을 제공하는 등 [44] 옴니채널(Omni-Channel) 전략의 일환으로 메타버스 콘텐츠를 활용하려는 움직임도 활발합니다.

이처럼 메타버스는 기존 유통의 한계를 뛰어넘는 새로운 쇼핑 경험을 창출해내고 있습니다. 시공간의 제약을 초월한 몰입감, 게이미피케이션을 통한 재미 요소 극대화, 가상 인플루언서 등을 통한 감성적 소구가 어우러지면서 MZ세대 소비자들의 마음을 사로잡고 있는데요. 여기에 AI 기반 개인화 추천, 디지털 자산을 통한 투자 가치 제고 등이 더해지며 쇼핑의 개념 자체를 재정의 하고 있습니다.

특히 주목할 만한 점은 메타버스 쇼핑이 단순히 온라인 쇼핑의 확장이 아닌, 현실과 가상을 유기적으로 연결하는 새로운 형태의 경험을 제공한다는 것입니다. 예를 들어, 실제 매장에서 QR 코드를 스캔하면 해당 제품의 메타버스 버전을 체험할 수 있게 하거나, 메타버스에서 구매한 디지털 아이템의 실물 버전을 오프라인으로 배송받는 서비스 등을 생각해 볼 수 있겠죠. 이는 온라인과 오프라인의 경계를 허물고, 소비자에게 끊김없는(seamless) 쇼핑 경험을 제공하는 것을 목표로 합니다.

또한, 메타버스 쇼핑은 사회적 요소를 강화하여 쇼핑을 하나의 엔터테인먼트로 승화시키고 있습니다. 친구들과 함께 가상 쇼핑몰을 돌아다니며 의견을 나누

44) 옴니채널(Omni-Channel)은 다양한 채널(온라인과 오프라인을 포함한)을 통해 소비자에게 일관되고 통합된 쇼핑 경험을 제공하는 마케팅 및 판매 전략을 의미한다.

고, 아바타를 통해 제품을 착용해보는 등의 활동은 쇼핑을 더욱 즐겁고 몰입도 높은 경험으로 만들어줍니다. 이는 단순히 제품을 구매하는 것을 넘어, 브랜드와 소비자 간의 관계를 더욱 긴밀하게 만드는 효과를 낳고 있습니다.

메타버스 커머스는 점점 더 선택이 아닌 필수가 되어갈 것으로 예상됩니다. 글로벌 메타버스 시장이 연평균 30~40%의 고성장을 이어갈 것이라는 전망이 있는 만큼, 유통 기업들의 전략적 도전은 중장기적으로 가속화 될 것입니다. 그런만큼 메타버스를 통한 커머스가 단순히 일회성 이벤트나 홍보 수단으로 그치는 것이 아니라, 디지털 전환의 핵심 축으로 내재화하려는 노력이 필요해 보입니다.

그러나 이러한 변화가 전통적인 쇼핑 방식을 완전히 대체할 것이라고 보기는 어렵습니다. 오히려 메타버스 쇼핑은 기존의 온오프라인 쇼핑을 보완하고 확장하는 방향으로 발전할 것으로 보입니다. 실제로 많은 소비자들이 여전히 제품을 직접 보고 만져보는 경험을 중요하게 여기고 있으며, 이는 메타버스 기술이 아무리 발전하더라도 완전히 대체하기 어려운 부분 일 것이기 때문이죠.

따라서 향후 유통업계의 과제는 메타버스와 현실 세계의 쇼핑 경험을 어떻게 효과적으로 연결하고 통합할 것인가에 있을 것입니다. 기술에 경도되어 본질을 잃지 않도록 노력하되, 새로운 고객 가치를 창출하는 혁신의 디딤돌로 삼는 혜안이 요구되는 시점이 아닐까 싶습니다.

결론적으로, 메타버스 쇼핑은 단순한 트렌드를 넘어 유통 산업의 패러다임을 근본적으로 바꿀수 있는 가능성을 제시하고 있습니다. 기업들은 이러한 변화에 발맞춰 새로운 비즈니스 모델을 개발하고, 고객 경험을 혁신적으로 개선해 나가야 할 것입니다. 동시에 프라이버시 보호, 디지털 격차 해소 등 메타버스 쇼핑이 제기하는 윤리적, 사회적 이슈들에 대해서도 진지하게 고민해야 할 시점입니다. 이러한 노력들이 모여 메타버스 쇼핑이 진정한 의미의 미래 쇼핑 경험을 만들어 낼 수 있을 것입니다.

5.8. 메타버스로 발전하는 교육 혁신 : 몰입형 학습의 실현

교육은 메타버스 기술이 가장 의미 있는 변화를 촉발할 영역 중 하나로 주목받고 있습니다. 디지털 전환의 흐름 속에서 팬데믹을 계기로 비대면 수업이 일상화되면서, 교육 현장의 혁신 요구가 그 어느 때보다 높아졌습니다. 메타버스와 같은 실감형 기술의 도입은 교육 패러다임의 변화를 예고하고 있으며, 시공간의 제약을 초월한 몰입감 높은 학습 경험을 제공하는 새로운 교육 방식으로 부상하고 있습니다.

메타버스 교육의 가장 큰 강점은 풍부한 상호작용성에 있습니다. 학습자들은 아바타를 통해 가상 교실에서 실재감 있는 경험을 할 수 있으며, 교사는 학생들의 반응을 실시간으로 확인하고 맞춤형 지도를 제공할 수 있습니다. 이는 기존 온라인 교육의 한계로 지적되어 온 일방향성과 피드백 부재 문제를 해결할 수 있는 대안입니다.

최근의 사례들은 이러한 메타버스 교육의 잠재력을 잘 보여줍니다. 고려대, 연세대, 한양대 등의 대학들이 대학 캠퍼스를 메타버스로 구현하여 학생들에게 몰입형 학습 경험을 제공하고 있고 대구한의대학교에서는 3D경락 경혈학 앱을 개발하는 등 적극적으로 교육에 활용하고 있습니다. 초중등 교육에서도 혁신이 일어나고 있는데, 서울시교육청이 발표한 메타쌤(metassem)은 초중고 학생들을 위한 메타버스 기반 학습 플랫폼으로, 다양한 교과 학습과 체험 활동을 지원하고 있습니다.

〈메타쌤〉

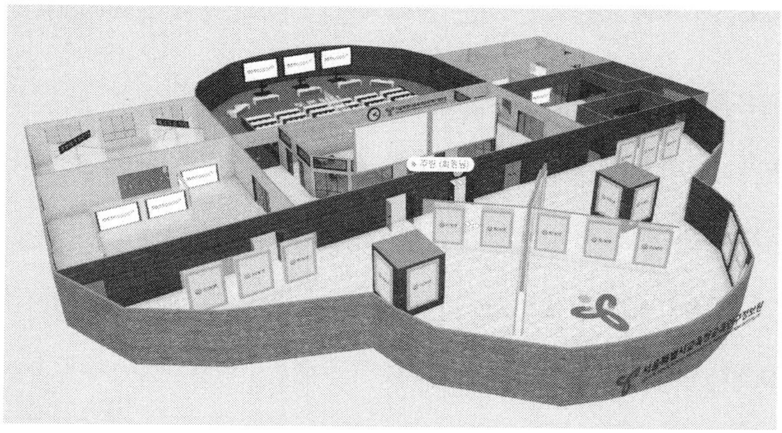

〈출처 : METASSEM〉

기업 교육 분야에서도 메타버스의 활용이 확대되고 있습니다. 다국적 경영컨설팅 그룹인 엑센츄어(Accenture)는 메타버스를 활용하여 신입직원의 온보딩 과정을 진행하였는데 팬데믹 동안 신입사원에게 메타버스 기술을 활용하여 실제 직장에서 경험할 수 있는 다양한 활동을 가상공간에서 재현했습니다. 월마트 또한 직원 교육 프로그램에 VR을 도입하여 직원들이 매장에서 맞닥뜨릴 수 있는 다양한 시나리오를 가상공간에서 체험하고 고객 서비스와 매장 운영에 필요한 기술을 습득하도록 했습니다.

〈월마트의 VR을 이용한 직원 교육〉

〈출처 : Walmart Corporate〉

글로벌 교육의 측면에서도 메타버스는 새로운 가능성을 열고 있습니다. 인게이지(Engage) 플랫폼은 개별 교육기관을 넘어 전 세계 학생들이 가상 환경에서 함께 학습할 수 있는 메타버스 플랫폼을 서비스하고 있는데요. 학생들은 아바타를 통해 가상 환경에서 상호작용하며 실시간으로 협업기반의 학습을 진행합니다. 이를 통해 국경을 초월한 교육 경험이 가능해지고 있습니다.

AI 기술과의 통합도 메타버스 교육의 중요한 트렌드입니다. 마이크로소프트의 메쉬 포 팀즈에 통합된 AI 아바타 기능은 개인화된 학습 경험을 제공하며, 학습자의 수준과 선호도에 맞춘 학습경험을 제공합니다. 이 아바타는 사용자의 음성과 움직임을 기반으로 애니메이션화되어 실제 존재감을 느끼게 하며, AI 기술이 사용자의 사진을 분석하여 최적의 아바타를 생성합니다. 이를 통해 학습자들은 더욱 몰입감 있고 효과적인 학습 환경을 경험할 수 있습니다.

메타버스 교육의 또 다른 강점은 게이미피케이션 요소의 도입입니다. 게임의 재미 요소와 보상 체계를 접목해 자발적 학습 동기를 유발하고 능동적 참여를 이끌어냅니다. 예를 들어, 로블록스 교육용 게임들은 학생들이 즐기면서 학습할 수 있는 환경을 제공하고 있습니다. 또한, 맥도날드의 '맥플레이(McPlay)'와 같은 인터랙티브 브랜드 게임은 플레이어들이 게임을 통해 제품을 경험하고 학습할 수 있도록 설계되었으며, 갤더마(Galderma)는 메타버스와 게이미피케이션을 활용하여 맞춤형 스킨케어 루틴을 통해 고객과 상호작용합니다. 이러한 사례들은 게임화된 경험이 학습과 참여를 촉진하는 데 효과적임을 보여줍니다.

그러나 메타버스 교육의 확산에는 여전히 과제가 남아있습니다. 디지털 격차로 인한 교육 불평등 심화 문제가 주요 과제 중 하나입니다. 이를 해결하기 위한 노력의 일환으로, 구글의 '이머시브 스트림 포 엑스알(Immersive Stream for XR)' 서비스는 고성능 장비 없이도 클라우드를 통해 VR/AR 콘텐츠에 접근할 수 있게 해주고 있습니다.

또한, 장시간 가상세계 몰입에 따른 건강 문제와 중독 위험, 아동 청소년 보호 이슈 등 사회적 부작용에 대한 대비도 필요합니다. 이를 위해 윤리 지침 마련, 연령별 가이드라인 제시 등 정책적 보완 노력이 요구됩니다.

결론적으로, 메타버스 교육은 기존 교육의 한계를 뛰어넘을 새로운 가능성을 제시하고 있습니다. 그러나 이를 효과적으로 활용하기 위해서는 기술과 교육학적 접근의 균형, 윤리적 고려사항, 정책적 지원 등 다각도의 노력이 필요합니다. 메타버스 시대의 교육이 진정한 의미의 개인 맞춤형 평생학습을 실현하고, 모든 이에게 양질의 교육 기회를 제공하는 플랫폼으로 발전해 나가기를 기대해 봅니다.

5.9. 메타버스가 가져올 엔터테인먼트의 대변혁 : 즐거움의 새로운 차원

메타버스 기술은 엔터테인먼트 산업에 새로운 기회를 만들어가고 있습니다. 문화 콘텐츠의 생산, 유통, 소비 방식을 근본적으로 바꿔놓을 잠재력을 지닌 플랫폼으로 주목받고 있는데요. 게임은 물론 영화, 음악, 공연 등 거의 모든 엔터테인먼트 장르에서 메타버스로의 전환이 시도되며 새로운 부가가치 창출이 기대되는 상황입니다.

먼저 메타버스 플랫폼 자체가 새로운 엔터테인먼트 장르로 급부상하고 있습니다. 제페토, 로블록스, 포트나이트 등 글로벌 플랫폼들은 단순한 게임이나 소통의 공간을 넘어, 다채로운 경험과 창작 활동이 이뤄지는 종합 엔터테인먼트 허브로 자리매김하고 있습니다. 아바타를 통해 자유롭게 여가를 즐기고, 독창적인 콘텐츠를 제작·공유하는 이른바 '크리에이터 이코노미(Creator Economy)'가 활성화되고 있습니다.

IP 비즈니스 차원에서도 메타버스의 가치는 높게 평가받습니다. 기존 인기 콘텐츠의 메타버스 버전을 제작해 세계관을 확장하는 트랜스미디어(Transmedia) 전략이 활발한데요. 대표적인 사례가 BTS의 메타버스 맵입니다. 포트나이트에서 선보인 'BTS 다이너마이트 뮤직 파티' 콘텐츠는 BTS 음악에 맞춰 아바타가 율동을 즐기는 참여형 이벤트로, 폭발적 호응을 얻은 바 있습니다.

〈포트나이츠에서의 BTS공연〉

〈출처 : KBS〉

VR 콘서트, XR 공연 등 실감형 기술과 결합한 새로운 형태의 문화 향유 방식도 늘어나는 추세입니다. SM엔터테인먼트가 개최한 '비욘드라이브(Beyond LIVE)' 시리즈, 싸이더스HQ의 'XR 어워드'처럼 대형 기획사와 플랫폼 사업자들이 메타버스 공연에 뛰어들고 있습니다.

연극이나 뮤지컬 등 공연예술 분야에서도 메타버스를 활용한 실험이 한창입니다. 국립극단, 예술의전당 등 주요 공연장들이 자체 온라인 스테이지를 열고 VR 연극을 선보이고 있고, 브로드웨이에서는 메타버스 뮤지컬 공연이 화제를 모으기도 했습니다.

전통 예술의 영역에서도 메타버스 도입이 시도되고 있습니다. 국립현대미술관의 '테라코타 프랜드쉽(Terracotta Friendship)' 전시는 전 세계 관람객들이 가상 공간에서 다양한 작품을 감상하고 상호작용할 수 있는 기회를 제공했습니다. 2023년 디센트럴랜드(Decentraland)에서 열린 '메타버스 아트 위크(Metaverse Art Week)'에서는 60명 이상의 예술가들이 참여한 가상 전시와 설치물, 강연 등이 진행되어 디지털 예술과 가상 현실의 발전을 기념했습니다.

특히 주목할 만한 점은 메타버스가 엔터테인먼트 소비자들의 역할을 '수동적 관람객'에서 '능동적 참여자'로 변화시키고 있다는 것입니다. 사용자들은 단순히 콘텐츠를 소비하는 것을 넘어, 직접 제작하고 공유하며 때로는 판매까지 하는 프로슈머(prosumer)로 진화하고 있습니다.

또한, 메타버스는 엔터테인먼트와 다른 산업 간의 경계를 허물고 있습니다. 예를 들어, 로블록스(Roblox)는 구찌와 협력하여 가상공간에서 '구찌 가든(Gucci Garden)' 경험을 제공하며, 사용자가 가상 아이템을 구입하고 아바타에 착용할 수 있도록 했습니다. 트레비스 스캇(Travis Scott)의 포츠나이츠(Fortnite) 가상 콘서트에서는 사용자들이 공연을 즐기면서 동시에 가상 상품을 구매할 수 있는 경험을 제공했습니다.

맥킨지 앤 컴퍼니(McKinsey & Company)에서 글로벌 메타버스 경제가 2030년까지 5조 달러 규모로 성장할 것이란 전망을 내어놓은 가운데, 엔터테인먼트 분야가 차지하는 비중은 매우 높게 점쳐지고 있습니다.

그러나 이러한 발전에는 도전과제도 존재합니다. 기술 발전이 초래할 문화 양극화와 소외 계층 배제 문제, 메타버스 원작 창작자에 대한 권리 보장 이슈, 가상 세계에서의 윤리적 문제 등이 풀어야 할 과제로 남아있습니다. 또한, 문화적 다양성과 지역성을 어떻게 보존할 것인가 하는 문제도 제기됩니다.

메타버스 엔터테인먼트의 발전은 관련 기술과 인프라의 발전, 그리고 새로운 형태의 교육과 인재 양성과도 밀접하게 연관되어 있습니다. VR/AR 콘텐츠 제작자, 메타버스 플랫폼 기획자 등 새로운 형태의 직업이 등장하고 있으며, 이에 대한 체계적인 교육과 훈련 시스템의 구축이 필요한 상황입니다.

결론적으로, 메타버스는 엔터테인먼트 산업에 혁명적인 변화를 가져오고 있습니다. 이는 단순한 기술적 진보를 넘어, 우리가 문화를 창조하고 소비하는 방식 자체를 근본적으로 바꾸고 있습니다. 메타버스 시대의 엔터테인먼트는 더 이상 일방향적인 콘텐츠 전달이 아닌, 창작자와 사용자가 함께 만들어가는 상호작용적 경험이 될 것입니다.

이러한 변화의 물결 속에서 성공하기 위해서는 창의성과 기술력, 그리고 윤리적 고려가 조화를 이루는 접근이 필요할 것입니다. 기술과 문화, 비즈니스와 윤리가 조화롭게 어우러진 새로운 엔터테인먼트 생태계를 꿈꾸며, 이를 향한 여정에 모두가 지혜를 모아야 할 때입니다.

5.10. 메타버스로 확장되는 다양한 영역들 : 무한한 가능성의 세계

메타버스의 잠재력은 일터, 쇼핑, 교육, 엔터테인먼트를 넘어 산업 전반과 공공서비스, 사회 공헌 영역으로 확산되고 있습니다. 가상과 현실을 넘나드는 기술 패러다임의 전환이 사회 전방위로 영향력을 드러내고 있습니다.

부동산 분야에서는 건축설계부터 매매, 개발까지 전 과정에 메타버스가 활용되고 있습니다. 예를 들어, 메타포트(Matterport)는 실제 부동산을 3D 디지털 트윈으로 변환하여 가상 투어를 제공하고 있으며, 디센트럴랜드와 같은 플랫폼에서는 가상 부동산 거래가 활발히 이루어지고 있습니다.

〈메타버스 부동산 메타포트〉

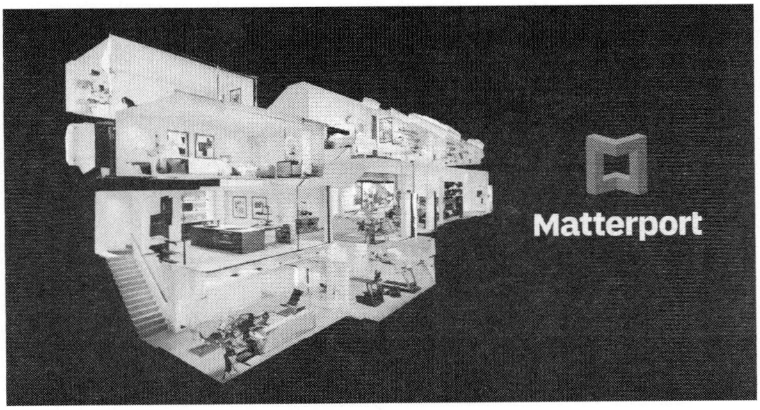

〈출처 : matterport〉

의료 분야에서는 VR 기술을 접목한 수술 시뮬레이션 교육이 대표적입니다. 옥스포트 VR(Oxford VR)은 VR 기술을 활용한 정신 건강 치료 프로그램을 개발하여 주목받고 있습니다. 원격 진료나 심리 치료 영역에서도 메타버스 도입이 시도되고 있습니다.

관광산업에서는 가상현실을 통한 새로운 여행 트렌드가 자리잡고 있습니다. 예를 들어, 구글의 '아츠 앤 컬처(Arts & Culture)' 프로젝트는 전 세계 유명 미술관과 문화유산을 가상으로 탐험할 수 있게 해줍니다. 에어비앤비의 온라인 체험 프로그램도 가상 여행의 좋은 사례입니다.

공공분야에서는 디지털트윈 기술을 접목한 스마트시티 구축이 진행 중입니다. 싱가포르의 '버츄얼 싱가폴(Virtual Singapore)' 프로젝트는 도시 전체의 디지털 트윈을 만들어 도시 계획과 관리에 활용하고 있습니다.

사회공헌 분야에서도 메타버스가 새로운 접근법으로 자리잡고 있습니다. 유니

세프(UNICEF)의 '보이스 오브 유스(Voices of Youth)' 프로젝트는 메타버스 플랫폼을 통해 전 세계 청소년들의 의견을 수렴하고 있습니다.

메타버스는 단순히 기존 서비스의 디지털화를 넘어, 전혀 새로운 형태의 가치를 창출하고 있습니다. 예를 들어, NFT 기반의 디지털 아트 시장이 성장하고 있으며, 비플(Beeple)의 작품이 크리스티 경매에서 6,930만 달러에 낙찰된 사례는 이 새로운 시장의 잠재력을 보여줍니다.

또한 메타버스는 지속가능성과 환경 보호 측면에서도 긍정적인 영향을 미칠 수 있습니다. 가상회의와 원격 협업이 활성화되면서 출장이 줄어들고, 이는 탄소 배출 감소로 이어질 수 있습니다. 예를 들어, 마이크로소프트의 연구에 따르면, 팬데믹 기간동안 원격근무와 가상회의의 증가로 인해 세계적으로 상당량의 이산화탄소 배출이 감소했다고 합니다.

더불어 메타버스 기술은 환경 교육과 인식 제고에도 활용될 수 있습니다. 예를 들어, 콘서베이션 인터네셔널(Conservation International)은 VR 기술을 활용해 아마존 열대우림 체험을 제공함으로써 환경 보호의 중요성을 효과적으로 전달하고 있습니다.

이처럼 메타버스는 우리 사회의 지속가능한 발전에 기여할 수 있는 잠재력을 가지고 있습니다. 그러나 동시에 메타버스 인프라 구축과 운영에 필요한 에너지 소비 문제 등 새로운 환경적 과제도 제기되고 있어, 이에 대한 균형 있는 접근이 필요합니다.

결론적으로, 메타버스는 우리 사회의 모든 영역에 걸쳐 혁명적인 변화를 가져올 잠재력을 가지고 있습니다. 이는 단순한 기술적 진보를 넘어, 우리가 세상을 인식하고 상호작용하는 방식 자체를 근본적으로 바꿀 수 있는 패러다임의 전환을 의미합니다. 우리는 지금 새로운 디지털 문명의 시대로 진입하고 있으며, 이 과정에서 메타버스는 핵심적인 역할을 할 것입니다. 이 거대한 변화의 물결 속에서 우리가 어떻게 균형을 잡고 나아갈 것인지, 그리고 이를 통해 어떤 미래를 만들어갈 것인지에 대한 진지한 고민과 논의가 필요한 시점입니다.

5.11. 메타버스 시대의 대응전략 : 무엇을 준비해야 하는가?

지금까지 일터와 쇼핑, 교육, 엔터테인먼트, 부동산 등 우리 삶의 전 영역에 걸쳐 거대한 변화의 물결로 다가오고 있는 메타버스에 관해 살펴보았습니다. 현실과 가상의 경계를 무너뜨리며 혁신의 새 지평을 열어가고 있는 메타버스 기술은 우리에게 무한한 기회를 안겨주고 있지만, 한편으로는 예기치 못한 위험과 부작용에 대한 우려도 낳고 있는 것이 사실인데요. 이러한 전환의 소용돌이 속에서 우리는 무엇을 준비해야 할까요?

먼저, 변화의 본질을 꿰뚫어 보는 통찰력이 필요합니다. 메타버스의 잠재력을 최대한 활용하여 인간다운 삶을 영위하고, 사회적 가치를 실현할 수 있도록 지혜를 모아야 합니다. 기존의 산업과 비즈니스 모델, 법과 제도, 교육 시스템 등을 혁신하는 매개로서, 그러나 근본적으로는 인간성에 봉사하는 도구로서 메타버스의 역할을 고민해야 할 것입니다.

이를 위해서는 윤리와 규범에 대한 깊이 있는 성찰이 필요해 보입니다. 물리적 공간에서 통용되던 사회적 합의와 규칙이 가상공간에서도 유효할 수 있도록 제도와 의식을 정비하는 일 말이죠. 디지털 시민으로서의 권리와 의무, 이용자 보호와 데이터 주권, 창작자의 권리 보장 등 해결해야 할 이슈들이 산적해 있는데요. 정부와 기업, 전문가 집단, 시민사회가 머리를 맞대고 지혜를 모아야 할 대목입니다.

교육혁신도 시급해 보입니다. 메타버스라는 새로운 디지털 문명을 이끌어갈 창의적이고 윤리적인 인재 양성이 그 어느 때보다 중요해질 것이 때문이죠. 기술 활용 역량을 갖추는 것은 물론, 인간 고유의 능력인 창의력과 감수성, 공감과 소통의 힘을 극대화하는 교육이 이뤄져야 할 것 같습니다. 메타버스에 내재 된 역기능과 위험요소를 경계하는 비판적 사고력과 미디어 리터러시 교육도 강화되어야 할 부분입니다.

기업경영의 패러다임 전환도 필요해 보입니다. 메타버스로의 대전환을 디지털 전략 차원이 아닌 전사적 차원의 변혁 기회로 삼아야 한다는 거죠. 가상과 현실을 아우르는 혁신적 비즈니스 모델 발굴은 물론, 개방과 협력의 조직문화 혁신, MZ 세대 인재 확보를 위한 일하는 방식의 변화 등이 동반되어야 할 것 같습니다.

무엇보다 민주적이고 포용적인 메타버스 구현을 위한 공동의 노력이 필요할 것 같습니다. 기술 발전의 과실이 모두에게 고르게 돌아갈 수 있도록, 누구도 배제되지 않는 연결과 상생의 철학으로 메타버스 생태계를 설계해 나가야 한다는 얘기죠. 메타버스가 양극화와 불평등을 심화시키는 기제로 작용해서는 곤란합니다. 공정한 기회와 접근권 보장을 위한 정책적·기술적 노력이 필요해 보입니다.

또한, 메타버스 시대의 프라이버시와 보안에 대한 새로운 접근이 요구됩니다.

가상 세계에서 생성되는 방대한 양의 개인 데이터를 어떻게 보호하고 관리할 것인지, 디지털 아이덴티티를 어떻게 정의하고 검증할 것인지 등에 대한 새로운 프레임워크가 필요합니다. 블록체인 기술 등을 활용한 분산형 신원 인증 시스템이나, 개인정보 자기결정권을 강화하는 기술적, 제도적 장치들이 마련되어야 할 것입니다.

더불어 메타버스의 지속가능성에 대한 고민도 필요합니다. 가상 세계를 구현하고 유지하는 데 필요한 막대한 에너지 소비와 그에 따른 환경 영향을 어떻게 최소화할 것인지, 디지털 폐기물 문제는 어떻게 해결할 것인지 등에 대한 선제적인 대응이 요구됩니다. 친환경 데이터센터 구축, 에너지 효율적인 하드웨어 개발 등 그린 메타버스를 위한 노력이 병행되어야 할 것입니다.

사실 이러한 과제들은 메타버스에만 국한된 것은 아닙니다. 거대한 디지털 대전환을 맞아 우리 사회가 직면한 도전과 고민의 축소판이기도 하죠. 그만큼 메타버스가 대변하고 있는 4차 산업혁명의 시대는 인류에게 전례 없는 도전과 과제를 안겨주고 있습니다. 기술혁명이 가져올 편리함과 효용에 도취되어서는 안 될 것입니다. 인간다움의 회복, 공동체 가치의 실현이라는 근원적 화두 앞에 우리 모두가 겸허히 서야 할 때인 것 같습니다.

메타버스 시대를 대비하며 우리가 특히 주목해야 할 부분은 디지털 리터러시 교육입니다. 단순히 기술을 다루는 능력을 넘어, 메타버스 환경에서 비판적 사고를 할 수 있고, 윤리적 판단을 내릴 수 있는 능력을 기르는 것이 중요합니다. 이는 학교 교육에서부터 시작하여 평생 교육의 차원에서 지속적으로 이루어져야 할 것입니다.

법과 제도의 정비도 시급합니다. 메타버스 내에서의 범죄, 사기, 프라이버시 침해 등에 대응할 수 있는 법적 체계가 필요합니다. 또한 메타버스 내에서 생성되는 가치에 대한 소유권, 저작권 문제 등도 새롭게 정립되어야 합니다. 이는 국내법 차원을 넘어 국제적 협력과 합의가 필요한 영역이기도 합니다.

메타버스의 건강한 발전을 위해서는 플랫폼 간 상호운용성과 개방성 확보도 중요합니다. 특정 기업이나 국가가 메타버스를 독점하는 것을 방지하고, 다양한 플랫폼과 서비스가 공존하며 경쟁할 수 있는 생태계를 만들어야 합니다. 이를 위해 표준화 작업과 함께 오픈소스 기반의 기술 개발을 장려하는 정책이 필요할 것입니다.

한편, 메타버스가 가져올 수 있는 사회심리학적 영향에 대한 연구와 대비도 필요합니다. 현실과 가상의 경계가 모호해지면서 정체성의 혼란, 현실 도피, 중독 등의 문제가 발생할 수 있습니다. 이에 대한 심층적인 연구와 함께 예방 및 치료 프로그램 개발, 건강한 메타버스 사용 문화 조성 등이 요구됩니다.

더불어 메타버스 기술 개발에 있어 인간 중심적 접근이 필요합니다. 기술의 발전 속도에 인간이 끌려다니는 것이 아니라, 인간의 필요와 가치를 중심으로 기술이 발전해야 합니다. 이를 위해 기술 개발 과정에 다양한 분야의 전문가와 시민사회의 참여를 보장하고, 기술의 사회적 영향에 대한 지속적인 모니터링과 평가가 이루어져야 할 것입니다.

마지막으로, 메타버스 시대의 국가 경쟁력 확보를 위한 전략적 접근이 필요합니다. 최근 잠깐 메타버스에 대한 관심이 줄어든 것 처럼 보이지만, 결국은 다시 부상할 트랜드이기 때문에 메타버스 관련 핵심 기술 개발에 대한 투자를 확대하고, 관련 산업 육성을 위한 종합적인 정책을 수립해야 합니다. 동시에 글로벌 메타버스 생태계에서 우리나라의 문화적 정체성을 어떻게 유지하고 발전시켜 나갈 것인지에 대한 고민도 필요합니다.

메타버스로의 항해는 이제 막 시작되었습니다. 우리에겐 아직 이 거대한 대양을 누빌 나침반이 없습니다. 분명 예기치 못한 풍랑과 암초가 기다리고 있을 테고, 예측 불가능한 모험의 연속이 될 것입니다. 그러나 위험과 불확실성 속에서도 인류는 언제나 새로운 세계를 향한 도전을 멈추지 않았습니다. 불과 바퀴의 발명에서부터 인터넷 혁명에 이르기까지, 창조와 모험의 여정을 멈추지 않았기에 우리는 여기까지 올 수 있었던 거죠.

메타버스로 대변되는 새로운 문명으로의 항해에도 용기와 지혜, 그리고 상상력이 나침반이 되어줄 것입니다. 기술 발전이 초래할 충격파에 현명히 대처하면서도, 무한한 잠재력을 우리 삶을 풍요롭게 할 원동력으로 활용하는 혜안이 필요합니다. 지금이야말로 인간다움의 길을 고민하고, 더 나은 미래의 좌표를 세워야 할 때라는 생각이 듭니다.

결국 메타버스의 미래는 우리의 대처에 달려 있다고 봅니다. 혁신의 잠재력을 사회적 가치 실현의 계기로 승화하기 위한 노력으로 메타버스라는 광활한 신대륙을 인류 공영과 번영의 터전으로 일구어 갈 수 있기를 희망해봅니다.

6. 디지털 문명과 인간, 그리고 디지털휴머니즘

6.1. 첨단 기술의 발전과 인간 정체성의 재정의 : 존재의 새로운 차원

6.2. 포스트휴머니즘과 트랜스휴머니즘
: 인간의 미래에 대한 철학적 고찰

6.3. 시뮬라시옹과 하이퍼리얼리티 : 디지털 시대의 현실 인식

6.4. 인간과 기술의 공진화 : 새로운 도전과 기회

6.5. 디지털휴머니즘 : 디지털문명의 나침반

6.6. AI, 로보틱스, 메타버스. 그리고 디지털휴머니즘
: 우리가 만들어갈 디지털 문명의 미래

6. 디지털 문명과 인간, 그리고 디지털휴머니즘

6.1. 첨단 기술의 발전과 인간 정체성의 재정의 : 존재의 새로운 차원

우리는 지금 역사적인 전환점에 서 있습니다. AI, 로보틱스, 메타버스 등 첨단 기술의 급속한 발전은 단순히 우리의 일상을 변화시키는 차원을 넘어, 인간의 본질과 정체성에 대한 근본적인 질문을 제기하고 있습니다.

인공지능(AI)의 발전은 '인간다움'의 의미를 재고하게 만듭니다. GPT와 같은 대규모 언어 모델은 인간의 언어 능력을 모방하는 수준을 넘어, 창의적인 글쓰기와 복잡한 문제 해결 능력을 보여주고 있습니다. 이는 '생각한다는 것'의 의미, 그리고 인간 지성의 고유성에 대해 우리에게 새로운 질문을 던집니다.

로보틱스의 발전은 인간의 신체성과 노동의 의미에 대한 질문을 제기합니다. 인간의 모습을 한 휴머노이드 로봇부터 산업 현장의 협동로봇(코봇)에 이르기까지, 로봇은 점점 더 우리의 일상에 깊숙이 들어오고 있습니다. 이는 인간과 기계의 경계, 그리고 인간 노동의 가치에 대한 재고를 요구합니다.

메타버스의 등장은 현실과 가상의 경계를 흐릿하게 만들며, 우리의 존재론적 지위에 대한 새로운 질문을 제기합니다. 가상 세계에서 우리는 다중적이고 유동적인 정체성을 가질 수 있습니다. 이는 자아와 현실에 대한 우리의 인식을 근본적으로 변화시킬 수 있습니다.

이러한 기술들의 융합은 인간과 기술의 공진화를 가속화하고 있습니다. 우리는 이미 스마트폰, 웨어러블 기기 등을 통해 디지털 기술과 밀접하게 연결된 삶을 살고 있습니다. 앞으로는 이러한 연결성이 더욱 강화되어, 인간의 인지와 신체 능력이 기술과 결합되는 '사이보그화'가 진행될 수도 있습니다.

특히 MZ 이후 세대가 앞으로 마주하게 될 세상은 지금과는 비교할 수 없을 정도로 디지털화되어 있을 것입니다. 이러한 미래를 준비하기 위해서는 기술에 대한 이해와 더불어, 인간으로서의 정체성과 역할에 대한 깊이 있는 성찰이 필요합니다.

6.2. 포스트휴머니즘과 트랜스휴머니즘 : 인간의 미래에 대한 철학적 고찰

이러한 기술 발전이 제기하는 질문들에 대해, 현대 철학은 다양한 관점에서 접근하고 있습니다. 그 중 가장 주목받는 두 가지 흐름이 포스트휴머니즘(Posthumanism)과 트랜스휴머니즘(Transhumanism)입니다.

포스트휴머니즘은 인간과 비인간(기계, 동물, 환경 등)의 경계를 재고하고, 새로운 형태의 공생을 모색합니다. 이 관점에서는 인간을 더 이상 세계의 중심에 두지 않으며, 다양한 존재들과의 관계 속에서 인간을 재정의합니다. 자연히 AI나 로봇과 같은 지능적 존재들과의 공존, 그리고 이들과의 윤리적 관계 정립이 중요한 과제로 떠오릅니다.

반면 트랜스휴머니즘은 기술을 통한 인간 능력의 향상과 확장에 초점을 맞춥니다. 이를 연구하는 학자들은 AI, 생명공학, 나노기술 등을 통해 인간의 신체적,

인지적 한계를 극복할 수 있다고 믿습니다. 예를 들어, 뇌-컴퓨터 인터페이스 기술은 인간의 인지능력을 획기적으로 향상시킬 수 있습니다. 그러나 이는 동시에 '향상된 인간'과 그렇지 않은 인간 사이의 새로운 불평등을 야기할 수 있다는 우려도 제기됩니다.

이와 같이 포스트휴머니즘은 인간과 비인간 존재들 간의 새로운 관계를 모색하며, 트랜스휴머니즘은 기술을 통한 인간 능력의 확장을 추구한다는 점에서 서로 다른 미래상을 제시하지만, 둘 다 기술 발전이 인간의 본질과 사회구조에 근본적인 변화를 가져올 것이라는 견해에서는 일치합니다.

이러한 철학적 논의는 단순한 이론에 그치지 않고, 우리의 미래를 실질적으로 형성해 나가는 데 중요한 역할을 합니다. 예를 들어, AI 윤리 가이드라인 수립, 인간 증강 기술의 규제, 로봇의 법적 지위 등 현실적인 정책과 법률 결정에 이러한 철학적 관점이 반영되고 있습니다.

따라서 우리는 이러한 철학적 논의를 단순히 이해하는 데 그치지 않고, 비판적으로 검토하고 자신만의 관점을 발전시켜 나가는 것이 중요합니다. 이를 통해 우리는 기술 발전이 가져올 변화에 대해 더 깊이 있게 이해하고, 우리가 원하는 미래를 능동적으로 설계해 나갈 수 있을 것입니다.

결국, 포스트휴머니즘과 트랜스휴머니즘에 대한 고찰은 단순히 미래에 대한 예측을 넘어, 우리가 어떤 미래를 만들어가고 싶은지에 대한 성찰로 이어져야 합니다. 이는 기술의 발전 방향을 결정하고, 그에 따른 윤리적, 사회적 규범을 수립하는 데 있어 핵심적인 토대가 될 것입니다.

6.3. 시뮬라시옹과 하이퍼리얼리티 : 디지털 시대의 현실 인식

프랑스의 철학자 장 보드리야르(Jean Baudrillard)가 제시한 시뮬라시옹(simulation) 이론은 디지털 시대의 현실 인식을 이해하는 데 중요한 통찰을 제공합니다. 보드리야르는 현대 사회에서 실재와 재현의 경계가 무너지고, 기호와 이미지가 실재를 대체하는 하이퍼리얼리티(hyperreality)의 상태를 지적했습니다. 이러한 개념은 오늘날 우리가 경험하는 디지털 세계, 특히 메타버스를 이해하는 데 매우 유용한 렌즈를 제공합니다.

메타버스는 보드리야르가 말한 하이퍼리얼리티의 극단적 형태라고 볼 수 있습니다. 가상 세계에서 우리는 현실과는 다른 모습으로 존재하며, 때로는 이 가상의 정체성이 현실의 자아보다 더 '진짜'처럼 느껴질 수 있습니다. 예를 들어, 소셜 미디어에서 우리가 만들어내는 '완벽한' 이미지나 메타버스 속 아바타의 이상화된 모습은 우리의 실제 모습보다 더 '실재적'으로 다가올 수 있습니다. 이는 '진짜'와 '가짜', '현실'과 '가상'의 구분을 모호하게 만들며, 우리의 현실 인식에 근본적인 변화를 가져옵니다.

디지털네이티브 세대들에게 이러한 현상은 이미 일상이 되어 있습니다. 그들은 물리적 현실과 가상 현실을 자유롭게 오가며, 두 세계를 동시에 경험하고 있습니다. 이들에게 온라인상의 관계나 경험은 오프라인 못지않게 중요하며, 때로는 더 큰 의미를 지니기도 합니다. 예를 들어, 온라인 게임에서 얻은 성취감이나 가상 공간에서 형성된 우정이 현실 세계의 그것보다 더 강렬하게 느껴질 수 있습니다.

그러나 이러한 하이퍼리얼리티의 세계는 여러 가지 철학적, 심리적, 사회적 질문을 제기합니다. 우리는 이 가상 세계에서 자신의 정체성을 어떻게 정립하고 유지할 것인가? 여러 개의 다른 정체성을 가지는 것이 가능하다면, '진정한 자아'란 과연 무엇인가? 가상 세계에서의 경험이 현실 세계의 인간관계와 사회구조에 어떤 영향을 미치는가?

더불어 이러한 하이퍼리얼리티가 우리의 현실 인식과 가치관에 미치는 영향도 고려해야 합니다. 가상 세계의 즉각적인 만족과 이상화된 경험들이 현실 세계에 대한 기대와 인내심에 어떤 영향을 미칠까요? 또한, 가상과 현실의 경계가 흐려지면서 발생할 수 있는 윤리적 문제들에 대해서도 깊이 있는 논의가 필요합니다. 예를들면 가상 세계에서의 범죄나 폭력이 현실 세계에 미치는 영향 같은 것들 말입니다. 보드리야르의 이론은 이러한 현상을 비판적으로 바라볼 수 있는 관점을 제공합니다. 그는 하이퍼리얼리티가 우리를 현실로부터 소외시키고, 진정한 의미와 가치를 상실하게 만든다고 경고했습니다. 그러나 동시에 이는 새로운 형태의 실재와 경험, 관계의 가능성을 열어주기도 합니다.

결론적으로, 시뮬라시옹과 하이퍼리얼리티 개념은 우리가 디지털 시대의 현실을 이해하고 대응하는 데 중요한 철학적 도구를 제공합니다. 이를 통해 우리는 메타버스와 같은 새로운 디지털 환경이 제공하는 기회와 도전을 더 깊이 있게 이해하고, 이에 대한 비판적이고 창의적인 대응 방안을 모색할 수 있을 것입니다. 우리에게 필요한 것은 이러한 새로운 현실을 맹목적으로 수용하거나 거부하는 것이 아니라, 그것이 우리의 삶과 사회에 미치는 영향을 지속적으로 성찰하고 평가하는 자세일 것입니다.

6.4. 인간과 기술의 공진화 : 새로운 도전과 기회

인간과 기술의 관계는 이제 단순한 도구와 사용자의 관계를 넘어, 상호 영향을 주고받으며 함께 진화하는 공진화의 관계로 나아가고 있습니다. 이러한 변화는 우리에게 새로운 도전과 동시에 무한한 가능성을 제시합니다.

AI와의 협업은 인간의 창의성과 문제 해결 능력을 크게 향상시킬 수 있습니다. 예를 들어, AI 보조도구를 활용한 창작이나 연구는 이미 의학, 예술, 과학 등 다양한 분야에서 새로운 돌파구를 만들어내고 있습니다. 알파폴드의 단백질 구조 예측이나 미드저니의 이미지 생성 능력은 이러한 가능성을 잘 보여줍니다. 그러나 동시에 이는 인간 고유의 창의성이 무엇인지, 그리고 AI와의 협업이 인간의 창의 과정을 어떻게 변화시킬 것인지에 대한 심도 있는 질문을 제기합니다.

로봇과의 공존은 노동의 개념을 재정의하게 만듭니다. 단순 반복적인 작업에서 해방된 인간은 더 창의적이고 가치 있는 일에 집중할 수 있게 될 것입니다. 그러나 이는 동시에 새로운 형태의 일자리와 능력을 요구하게 될 것입니다. 이미 많은 산업 현장에서 협동로봇(코봇)과 인간의 협업이 이루어지고 있으며, 이는 노동자들에게 새로운 기술 습득과 적응을 요구하고 있습니다.

메타버스는 우리의 소통과 경험의 방식을 근본적으로 변화시킬 것입니다. 이는 교육, 문화, 경제활동의 새로운 장을 열 수 있습니다. 예를 들어, 가상현실을 통한 몰입형 교육이나 증강 현실을 활용한 원격 협업 등이 가능해질 것입니다. 그러나 동시에 현실 세계와의 균형, 디지털 격차, 프라이버시, 정체성의 문제 등 새로운 윤리적, 사회적 과제들도 제기됩니다.

이러한 변화 속에서 우리가 준비해야 할 것은 무엇일까요?

첫째, 기술에 대한 깊이 있는 이해와 비판적 사고 능력이 필요합니다. 특히 단순히 기술을 사용하는 것을 넘어, 그 기술의 작동 원리와 사회적 영향을 이해하고 평가할 수 있어야 합니다. 이는 디지털 리터러시의 새로운 차원이라고 할 수 있습니다.

둘째, 인문학적 소양과 윤리적 판단 능력이 요구됩니다. 기술이 제기하는 철학적, 윤리적 질문들에 대해 스스로 고민하고 답을 찾아갈 수 있어야 할 것입니다. 예를 들어, AI의 결정이 윤리적으로 올바른지, 또는 가상 세계에서의 행동이 현실 세계에 어떤 영향을 미치는지 등을 판단할 수 있어야 합니다.

셋째, 창의성과 공감 능력이 필요합니다. 즉. AI가 대체하기 어려운 인간만의 고유한 능력인 감성지능에 기반한 창의성을 발전시켜야 할 것입니다. 이는 예술적 표현능력부터 복잡한 사회적 상황에서의 문제 해결 능력까지를 포함하며, 이를 융합한 역량이라면 더욱 가치가 있을 것입니다.

넷째, 유연성과 적응력입니다. 빠르게 변화하는 기술 환경에 적응하고, 끊임없이 새로운 것을 학습할 수 있는 능력이 필요합니다. 이를 위해 평생학습의 자세와 함께, 불확실성을 받아들이고 이에 대처할 수 있는 능력이 중요해질 것입니다.

다섯째, 협업과 소통 능력입니다. 다양한 배경을 가진 사람들, 그리고 AI나 로봇과도 효과적으로 협력할 수 있는 능력이 중요해질 것입니다. 이는 단순한 의사소통 능력을 넘어, 다양성을 이해하고 존중하며, 서로 다른 관점을 통합할 수 있는 능력을 포함합니다.

인간과 기술의 공진화는 피할 수 없는 현실이지만, 이 과정이 어떤 방향으로 나아갈지는 우리의 선택에 달려 있습니다. 기술의 발전이 인간의 가치와 존엄성을 해치지 않고, 오히려 이를 증진시키는 방향으로 나아가도록 하기 위해서는 지속적인 성찰과 대화, 그리고 사회적 합의가 필요할 것입니다.

우리는 지금 인류 역사상 가장 흥미진진하고 도전적인 시기를 살아가고 있습니다. 기술과의 공진화를 통해 우리는 인간의 한계를 뛰어넘고, 새로운 가능성을 탐험할 수 있게 되었습니다. 그러나 동시에 우리는 인간다움의 본질이 무엇인지, 그리고 그것을 어떻게 지켜나갈 것인지에 대해 끊임없이 고민해야 할 것입니다. 이러한 균형 잡힌 시각과 준비를 통해, 우리는 기술과 함께 더 나은 미래를 만들어 갈 수 있을 것입니다.

그럼 AI, 로보틱스, 메타버스 각각에 대해서 인간과의 공진화 가능성과 방향을 조금더 구체적으로 알아보겠습니다.

인간과 AI

AI의 발전은 인간 지능의 영역을 하나씩 정복해가는 과정으로 볼 수 있습니다. 초기 AI는 단순 계산 능력을 통해 인간의 계산 지능을 뛰어넘었고, 이후 자연어 처리 기술의 발전으로 대규모 언어 모델(LLM)이 등장하면서 AI는 인간의 언어 능력을 상당 부분 모방할 수 있게 되었습니다. 최근에는 생성형 AI의 출현으로 창의성의 영역까지 AI가 도전장을 내밀고 있습니다.

그러나 AI의 이러한 발전에도 불구하고, 인간 지능만의 고유한 특성과 가치는 여전히 존재합니다. 특히 인간의 오감을 통한 종합적인 지식의 형성과 직접적인 경험을 통한 학습은 AI와 차별화되는 인간 지능의 핵심적인 요소입니다.

인간의 감각경험은 단순한 데이터 수집 이상의 의미를 지닙니다. 우리는 시각, 청각, 촉각, 후각, 미각을 통해 세상을 인식하고, 이를 통해 복잡하고 미묘한 맥락을 이해합니다. 예를 들어, 음식의 맛을 경험하는 것은 단순히 화학적 성분의 조합을 인식하는 것이 아니라, 문화적 맥락, 개인의 기억, 감정 등이 복합적으로 작용하는 과정입니다. 이러한 감각적 경험은 AI가 쉽게 모방하기 어려운 인간 지능의 고유한 영역입니다.

또한, 인간이 직접 겪으면서 얻는 경험은 AI의 학습 방식과는 근본적으로 다릅니다. AI는 대량의 데이터를 통해 패턴을 학습하지만, 인간의 경험은 개인의 주관성, 감정, 맥락을 포함합니다. 예를 들어, 여행을 통해 얻는 경험은 단순히 지리적 정보나 문화적 지식을 습득하는 것을 넘어, 개인의 내적 성장과 세계관의 변화를 가져옵니다. 이러한 경험 기반의 학습은 AI가 쉽게 대체할 수 없는 인간 지능의 특성입니다.

더불어, 인간의 지능은 직관, 창의성, 감정 지능, 윤리적 판단 능력 등 복합적인 요소들로 구성되어 있습니다. 이러한 능력들은 단순히 데이터 처리나 패턴 인식을 넘어서는 것으로, AI가 완전히 모방하기 어려운 영역입니다. 예를 들어, 예술 작품을 감상하고 그 의미를 해석하는 과정에는 개인의 경험, 문화적 배경, 감정적 반응 등이 복합적으로 작용합니다.

따라서 AI 시대에 대비하기 위해서는 이러한 인간 고유의 능력을 더욱 발전시키는 것이 중요합니다. 이는 단순히 AI와 경쟁하기 위함이 아니라, AI와 협력하여 더 나은 결과를 만들어내기 위함입니다. 예를 들어, AI의 데이터 분석 능력과 인간의 직관적 통찰력을 결합하면 더 혁신적인 문제 해결이 가능할 것입니다.

교육 시스템도 이에 맞춰 변화해야 합니다. 단순 지식 전달이 아닌, 경험 기반 학습, 창의적 문제 해결 능력 개발, 감정 지능 향상, 윤리적 판단 능력 강화 등에 초점을 맞춰야 할 것입니다. 또한, 다양한 감각 경험을 통한 학습, 실제 세계와의 상호작용을 통한 지식 습득 등을 강조해야 합니다.

결론적으로, AI의 발전은 인간 지능의 본질에 대해 다시 생각해 볼 기회를 제공합니다. AI와 인간은 서로 다른 방식으로 '지능'을 구현하고 있으며, 이 둘은 상호 보완적인 관계를 가질 수 있습니다. 앞으로 우리는 AI의 능력을 이해하고 활용하면서도, 동시에 인간 고유의 지능을 더욱 발전시켜 나가야 할 것입니다. 이를 통해 우리는 AI와 함께 더 나은 미래를 만들어갈 수 있을 것입니다.

인간과 로보틱스

로보틱스 기술은 초기에 인간의 물리적 노동을 대체하는 수준에서 시작했지만, AI와의 융합을 통해 그 능력이 급속도로 확장되고 있습니다. 현대의 로봇들은 단순한 작업 수행을 넘어 학습하고, 적응하며, 심지어 감정을 표현하는 수준까지 발전하고 있습니다. 이러한 발전은 인간과 기계의 관계, 그리고 인간 존재의 본질에 대한 근본적인 질문을 제기합니다.

트랜스휴머니즘과 포스트휴머니즘은 이러한 기술 발전이 인간에게 미치는 영향을 이해하는 데 중요한 철학적 관점을 제공합니다. 트랜스휴머니즘은 기술을 통해 인간의 신체적, 인지적 한계를 극복하고자 하는 움직임을 말합니다. 이러한 관점에서 지능형 로봇은 트랜스휴머니즘적 비전을 실현하는 중요한 수단이 될 수 있습니다. 예를 들어, 고도로 발달한 AI를 탑재한 로봇은 인간의 인지능력을 크게 뛰어넘는 정보처리와 의사 결정 능력을 보여줄 수 있습니다. 동시에 이 로봇은 인간의 신체적 한계를 넘어서는 힘, 속도, 정밀도를 가질 수 있습니다. 더 나아가, 이러한 로봇과 인간의 신체적, 인지적 융합을 통해 '증강된 인간' 또는 '사이보그'와 같은 새로운 형태의 존재가 탄생할 수 있습니다. 이는 인간의 능력을 획기적으로 확장시키는 동시에, 인간성의 본질에 대한 깊은 철학적 질문을 제기합니다.

반면 포스트휴머니즘은 인간과 기계의 경계가 완전히 무너진 미래를 상정하며, 새로운 존재 방식에 대해 탐구합니다. 이 관점에서는 고도로 발달한 AI와 로보틱스 기술이 결합 된 지능형 로봇이 인간과 동등하거나 그 이상의 존재로 인정받을 수 있다고 봅니다. 예를 들어, 인간의 뇌를 모방한 신경망 기반의 AI가 로봇 신체에 통합되어, 인간과 유사하거나 그 이상의 인지능력과 신체능력을 가진 존재가 출현할 수 있습니다. 이러한 로봇은 단순히 도구가 아닌, 독립적인 의식과 자아를 가진 존재로 간주 될 수 있으며, 이는 '인간'이라는 개념 자체를 재정의하게 만들 수 있습니다.

이러한 철학적 논의는 단순한 사변에 그치지 않고 현실적인 윤리적, 법적 문제로 이어집니다. 예를 들어, 인간 수준 이상의 지능과 능력을 가진 로봇이 탄생한다면 어떤 권리와 책임을 부여해야 할까요? 또는 아직은 SF적인 가정입니다만 인간의 뇌를 디지털화하여 로봇 신체에 이식하는 기술이 가능해진다면, 인간의 의식을 이식한 이 존재를 인간으로 봐야할까요? 로봇으로 봐야 할까요? 이는 우리 사회가 앞으로 직면하게 될지도 모르는 인간존재에 관한 실존적 질문들입니다.

로보틱스의 발전은 동시에 인간의 능력을 확장하고 삶의 질을 향상시킬 수 있는 큰 기회이기도 합니다. 예를 들어, 의료 분야에서 고도로 정밀한 로봇 수술 시스템은 인간 의사의 능력을 크게 향상시키고 있으며, [45]외골격 로봇(Exoskeleton Robot)을 활용한 재활 치료는 장애인들의 삶의 질을 크게 향상시키고 있습니다. 산업 현장에서는 인간의 인지 능력과 로봇의 물리적 능력을 결합한 협동로봇(코봇)이 생산성을 높이고 있습니다.

그러나 이러한 발전 속에서 우리는 인간의 고유성과 존엄성을 어떻게 지켜나갈 수 있을지에 대해 깊이 있게 고민해야 합니다. 로봇이 인간의 많은 역할을 대체하거나 심지어 인간을 뛰어넘게 되면서, 인간의 가치와 정체성에 대한 새로운 정의가 필요해질 것입니다.

이러한 로보틱스 시대에 대비하기 위해서는 다양한 준비가 필요합니다. 우선, 고도로 지능화된 로봇과의 효과적인 협업 능력을 키우는 것이 중요합니다. 이는 단순히 기술적인 이해를 넘어, 로봇과의 의사소통, 작업 분담, 윤리적 의사결정 등을 포함하는 복합적인 능력을 의미합니다.

동시에, 로봇이 쉽게 대체하기 어려운 인간 고유의 가치를 발견하고 발전시키는 노력도 중요합니다. 예를 들어, 복잡한 맥락을 이해하고 창의적인 해결책을 제시하는 능력, 깊이 있는 감정적 교류와 공감 능력, 윤리적 판단력 등은 앞으로 더욱 중요해질 것입니다.

---

45) 외골격 로봇(Exoskeleton Robot)은 사용자의 신체에 장착하여 근력 보조, 재활 치료, 혹은 산업 작업 시 신체적 능력을 증강하는 기계 장치를 말한다.

또한, 로보틱스 기술의 발전이 가져올 윤리적, 사회적 영향에 대해 깊이 있게 사고하고 토론할 수 있는 능력을 키우는 것도 중요합니다. 예를 들어, 인간 수준 이상의 능력을 가진 로봇에게 어떤 권리와 책임을 부여해야 할지, 로봇에 의한 의사결정이 야기할 수 있는 윤리적 문제는 어떻게 해결할지 등에 대한 사회적 합의가 필요할 것입니다.

마지막으로, 인간과 고도로 발달한 로봇 간의 상호작용에 대한 깊이 있는 이해가 필요합니다. 이는 기술적인 측면뿐만 아니라 심리학적, 사회학적 측면에서의 이해도 포함합니다. 예를 들어, 인간이 인간 수준의 지능을 가진 로봇과 어떻게 관계를 형성하는지, 이러한 로봇과의 상호작용이 인간의 사회성과 정체성에 어떤 영향을 미치는지 등에 대한 이해가 필요할 것입니다.

이러한 준비를 통해, 우리는 로보틱스 기술의 발전이 가져올 근본적인 변화에 더 잘 대응하고, 이를 인류의 발전과 번영을 위한 기회로 삼을 수 있을 것입니다. 로보틱스의 발전은 우리에게 인간의 정의와 한계에 대해 근본적인 질문을 던지지만, 동시에 이는 우리가 더 나은 미래를 만들어갈 수 있는 기회이기도 합니다. 우리가 이 기술을 어떻게 발전시키고 활용하느냐에 따라, 로보틱스는 인간의 능력을 확장하고 삶의 질을 향상시키는 강력한 도구가 될 수 있을 것입니다.

인간과 메타버스

메타버스의 등장은 인간과 디지털 기술의 관계를 새로운 차원으로 끌어올리고 있습니다. 이는 단순히 새로운 기술 플랫폼의 출현을 넘어, 인간의 존재 방식과 경험의 본질에 대한 근본적인 변화를 의미합니다. 메타버스는 우리에게 현실과 가상의 경계를 넘나들며 확장된 자아와 경험의 영역을 제공하고 있습니다.

메타버스 내에서 우리를 대신하는 아바타는 단순한 디지털 표상이 아닙니다. 그것은 우리 자신의 연장선상에 있는 또 다른 '나'로, 인간의 정체성과 자아 표현의 새로운 형태를 대변합니다. 이는 인간과 디지털 기술의 융합이 단순히 도구적 차원을 넘어 존재론적 차원으로 확장되고 있음을 보여줍니다. 우리는 아바타를 통해 물리적 한계를 초월한 새로운 모습과 능력을 갖게 되며, 이는 자아 인식과 표현의 지평을 넓히는 계기가 됩니다.

더 나아가 메타버스는 우리에게 다중 정체성을 경험할 수 있는 기회를 제공합니다. 현실 세계의 '나'와 다른 여러 버전의 '나'를 메타버스 내에서 구현하고 경험할 수 있게 됨으로써, 우리는 정체성의 유동성과 다양성을 새롭게 이해하게 됩니다. 이는 인간의 자아 개념과 정체성 형성 과정에 대한 기존의 심리학적, 사회학적 이해를 재고하게 만듭니다. 메타버스에서의 다양한 정체성 경험이 현실 세계에서의 자아 인식과 행동에 어떤 영향을 미치는지, 또 이러한 경험이 우리의 공감 능력이나 다양성에 대한 이해를 어떻게 확장 시키는지는 앞으로 중요한 연구 주제가 될 것입니다.

메타버스의 발전은 현실과 가상의 경계를 흐릿하게 만들면서, 인간의 경험과 인식의 영역을 확장 시킵니다. 이는 단순히 가상 세계에서 노는 것이 아니라, 현실과 가상이 서로 영향을 주고받는 새로운 차원의 경험을 의미합니다. 예를 들어, 메타버스에서의 학습이나 훈련이 현실 세계의 능력 향상으로 이어지거나, 메타버스에서의 사회적 관계가 현실 세계의 관계에 영향을 미치는 등의 현상이 일어날 수 있는 것이죠. 이는 인간의 경험과 학습, 그리고 사회적 상호작용의 본질에 대한 새로운 이해를 요구합니다.

메타버스 내에서 인간은 AI로 구동되는 가상 존재들과 상호작용하게 됩니다. 이는 인간-컴퓨터 상호작용(HCI)의 새로운 패러다임을 제시합니다. 고도로 발달한 AI 기반의 가상 존재들과의 상호작용은 단순한 기술적 경험을 넘어 감정적, 사회적 차원의 새로운 경험이 됩니다. 이는 우리가 '관계'와 '소통'의 개념을 어떻게 재정의해야 하는지에 대한 질문을 던집니다. 예를 들어, AI 가상 존재와 형성하는 관계의 본질은 무엇인지, 이러한 관계가 인간 간의 관계와 어떻게 다른지, 그리고 이것이 우리의 사회성과 정서 발달에 어떤 영향을 미칠지 등에 대한 깊이 있는 고찰이 필요합니다.

메타버스는 또한 인간의 창의성과 표현의 영역을 크게 확장 시킵니다. 물리적 제약에서 벗어난 가상공간에서 우리는 전에 없던 방식으로 예술을 창작하고, 아이디어를 구현하며, 새로운 형태의 문화를 만들어낼 수 있습니다. 이는 인간의 창조적 능력이 디지털 기술과 만나 어떻게 증폭되고 변형될 수 있는지를 보여주는 좋은 예입니다.

그러나 이러한 메타버스의 발전은 동시에 인간의 프라이버시, 데이터 주권, 디지털 윤리 등에 관한 새로운 도전을 제기합니다. 메타버스에서 우리의 모든 행동과 상호작용이 데이터화될 수 있다는 점은 개인의 프라이버시와 자유에 대한 새로운 위협이 될 수 있습니다. 또한 메타버스 내에서의 재산권, 저작권, 법적 책임 등에 관한 새로운 개념과 제도 [illegible] 됩니다. 이는 디지털 세계에서의 인간의 권리와 책임에 대한 근본적인 [illegible] 요구합니다.

메타버스 시대에 대비하기 위해 [illegible] 새로운 형태의 디지털 리터러시가 필요합니다. 이는 단순한 기술 사용 능력을 넘어, 메타버스 환경에서의 정체성 관리, 효과적인 커뮤니케이션, 윤리적 판단 능력, 그리고 현실과 가상을 아우르는 통합적 사고 능력 등을 포함합니다. 교육 시스템은 이러한 새로운 능력을 키울 수 있도록 준비해야 하며, 동시에 인간의 고유한 가치와 능력을 재확인하고 강화하는 방향으로 나아가야 합니다.

결론적으로, 메타버스의 발전은 인간과 디지털 기술의 관계를 새로운 차원으로 끌어올리고 있습니다. 이는 우리에게 인간의 정체성, 경험, 관계, 창조성의 본질에 대해 다시 생각해볼 것을 요구합니다. 메타버스는 인간의 능력과 경험을 확장 시키는 강력한 도구가 될 수 있음과 동시에 인간의 고유한 가치와 능력을 재확인하고 강화하는 계기도 됩니다. 우리의 과제는 이 새로운 디지털신세계에서 인간다움의 본질을 잃지 않으면서도, 기술이 제공하는 가능성을 최대한 활용하여 더 풍요롭고 의미 있는 삶의 방식을 창조해 내는 것입니다. 메타버스 시대의 도래는 단순히 새로운 기술의 등장이 아니라, 인간과 기술의 관계, 그리고 궁극적으로는 인간존재의 의미에 대한 근본적인 재고의 기회입니다.

6.5. 디지털휴머니즘 : 디지털문명의 나침반

디지털휴머니즘(Digital Humanism)은 21세기 디지털 시대의 새로운 인본주의적 접근으로, 기술과 인간성의 조화를 추구합니다. 이는 단순히 기술의 발전을 추구하는 것이 아니라, 인간의 가치와 존엄성을 중심에 두고 기술을 발전시키고 활용하는 철학입니다.

제론 라니어(Jaron Lanier)는 그의 저서 "너는 기계가 아니다: 선언문(You Are Not a Gadget: A Manifesto)"에서 디지털 기술이 인간의 창의성과 개성을 제한할 수 있다는 우려를 표명하며, 기술 발전 과정에서 인간성을 보존하는 것의 중요성을 강조했습니다. 라니어의 이러한 관점은 디지털휴머니즘의 핵심을 잘 보여줍니다. 그는 기술이 인간을 위해 존재해야 하며, 인간이 기술에 종속되어서는 안 된다고 주장합니다.

미국의 철학자 루시아노 플로리디(Luciano Floridi)는 그의 저서 "네 번째 혁명(The Fourth Revolution: How the Infosphere is Reshaping Human Reality)"에서 디지털 기술이 인간의 존재와 상호작용하는 방식을 재정의하고 있다고 주장합니다. 디지털휴머니즘은 이러한 변화 속에서 인간의 본질적 가치를 지키면서도 기술의 혜택을 최대화하는 방법을 모색합니다.

더불어, 유발 하라리(Yuval Noah Harari)가 "호모 데우스(Homo Deus)"에서 제기한 기술 발전에 따른 인류의 미래에 대한 우려는 디지털휴머니즘의 중요성을 더욱 부각시킵니다. 디지털휴머니즘은 기술 발전이 가져올 수 있는 윤리적, 사회적 문제들을 인식하고, 이에 대한 해결책을 모색하는 과정에서 인간 중심의 가치를 잃지 않도록 하는 지침을 제공해 주고 있습니다.

디지털휴머니즘은 또한 기술 발전이 가져올 수 있는 사회적, 윤리적 문제들에 대한 적극적인 대응을 요구합니다. 예를 들어, 디지털 격차, 프라이버시 침해, AI 윤리 등의 문제에 대해 인간 중심적 관점에서 해결책을 모색해야 합니다. 이는 우리가 앞서 논의한 4차 산업혁명의 과제들과 직접적으로 연결됩니다.

결론적으로, 디지털휴머니즘은 우리가 직면한 기술 혁명을 인간 중심적으로 이해하고 대응하는 철학적 프레임워크를 제공합니다. 이는 기술의 발전과 인간의 가치 사이의 균형을 찾고, 디지털 시대에 인간다움의 의미를 재정의하는 데 도움을 줍니다. 저는 이 책에서 이러한 디지털휴머니즘의 관점을 바탕으로, 현재의 기술 혁명을 이해하고 미래를 전망하며, 우리가 나아가야 할 방향을 모색하자는 화두를 던지고자 했습니다. 디지털휴머니즘은 단순한 이론적 개념이 아니라, 우리가 디지털 시대를 살아가는 데 있어 실천적 지침이 될 것입니다.

6.6. AI, 로보틱스, 메타버스. 그리고 디지털휴머니즘 : 우리가 만들어갈 디지털 문명의 미래

우리는 지금 인류 역사상 가장 흥미진진한 전환기에 서 있습니다. 4차 산업혁명, 디지털트랜스포메이션, 인공지능, 로보틱스, 메타버스 등 혁신적인 기술환경이 우리의 삶과 사회를 근본적으로 변화시키고 있습니다. 이러한 기술의 발전은 우리에게 무한한 가능성을 제시하는 동시에 새로운 도전을 안겨주고 있습니다. 이 거대한 변화의 물결 속에서 우리가 나아가야 할 방향은 바로 '디지털휴머니즘'

입니다.

디지털휴머니즘은 기술의 발전과 인간 가치의 조화를 추구하는 새로운 패러다임입니다. 이는 단순히 기술을 받아들이는 것이 아니라, 인간 중심적 관점에서 기술을 이해하고 활용하며, 나아가 기술과 함께 공진화하는 방식을 의미합니다. 디지털휴머니즘은 AI, 로보틱스, 메타버스 등의 첨단 기술이 인간의 능력을 확장하고 삶의 질을 향상시키는 도구로 활용되되, 결코 인간의 존엄성과 고유한 가치를 훼손하지 않아야 한다는 철학을 담고 있습니다.

디지털휴머니즘의 관점에서 AI는 인간의 지능을 대체하는 것이 아니라, 보완하고 확장하는 도구입니다. 로보틱스는 인간의 노동을 대신하는 것이 아니라, 인간과 협력하여 더 나은 결과를 만들어내는 파트너입니다. 메타버스는 현실을 도피하는 공간이 아니라, 인간의 경험과 관계를 풍부하게 하는 새로운 차원입니다.

디지털휴머니즘을 실현하기 위해서는 기술 발전과 더불어 윤리적, 철학적 고민이 끊임없이 이루어져야 합니다. 우리는 포용적이고 지속가능한 디지털 문명을 구축해야 합니다. 기술의 혜택이 소수에게 편중되지 않고 모든 이에게 골고루 돌아갈 수 있도록 해야 하며, 디지털 격차 해소와 소외 계층을 위한 기술 접근성 제고 등 사회적 형평성을 고려한 정책과 노력이 필요합니다.

또한, 디지털휴머니즘은 창의성과 다양성이 꽃피는 디지털 문화를 육성하는 것을 목표로 합니다. AI와의 협업을 통해 인간의 창의력을 더욱 증진시키고, 메타버스와 같은 새로운 플랫폼을 통해 다양한 문화적 표현과 교류가 이루어질 수 있도록 해야 합니다.

이러한 디지털휴머니즘을 실현하기 위해서는 새로운 시민의식이 필요합니다. 가상과 현실이 융합되는 시대에 걸맞은 윤리의식과 디지털 리터러시가 요구됩니다. 우리는 기술을 올바르게 이해하고 활용할 수 있는 능력을 키워야 하며, 동시에 디지털 세계에서의 책임 있는 행동과 참여를 실천해야 합니다.

디지털휴머니즘은 우리에게 전례 없는 도전과 기회를 동시에 제공합니다. 이는 인류에게 주어진 새로운 르네상스의 기회라고도 볼 수 있습니다. 우리는 기술의 힘을 빌려 인간의 창의성과 잠재력을 더욱 풍부하게 발현시키고, 사회의 고질적인 문제들을 해결하며, 모두가 함께 번영할 수 있는 새로운 문명을 건설할 수 있습니다.

그러나 이는 결코 쉬운 여정이 아닐 것입니다. 기술의 발전 속도에 인간과 사회가 적응하지 못하는 시점을 의미하는 동시에 AI가 인간의 지능을 뛰어넘는 시점을 의미하는 '특이점(Singularity)'과 같은 도전적 상황들이 우리 앞에 놓여 있기 때문입니다. 이를 헤쳐 나가기 위해서는 끊임없는 학습과 성찰, 그리고 인간 고유의 가치에 대한 믿음이 필요할 것입니다.

디지털휴머니즘의 미래는 결국 우리의 손에 달려 있습니다. 우리의 선택과 행동이 미래 디지털 문명의 모습을 결정할 것입니다. 두려움보다는 호기심을, 비관보다는 창의적 상상력을 가지고 이 새로운 세계를 탐험해 나가야 합니다. 기술과 인간, 가상과 현실이 조화롭게 공존하는 새로운 문명을 향한 여정에 여러분도 동참해 주실 수 있을까요?

이것이 바로 산업혁명과 디지털트랜스포메이션을 통해 우리 인류가 만들어낸 디지털 문명이 다시 우리에게 던지는 질문이자, 우리에게 부여한 위대한 도전과 사명입니다.

우리 함께 디지털휴머니즘의 가치를 실현하는 디지털 문명을 우리 손으로 만들어 나갑시다. 인간의 존엄성과 가치를 지키면서도 기술의 무한한 가능성을 실현하는, 그 균형 잡힌 미래를 향해 함께 나아갑시다. 우리의 지혜와 용기, 그리고 서로에 대한 신뢰가 이 위대한 여정의 등대가 되어줄 것입니다.

GPT의 시대 디지털휴머니즘

AI, 로보틱스, 메타버스 시대의 인간 중심 문명론

초판 발행 2024년 8월 30일

지은이 박승희

펴낸이 변창훈

펴낸곳 대구한의대학교 출판부

주소 3861 경상북도 경산시 한의대로 1

전화 053-819-1577, 1578

등록 1987년 11월 21일

ISBN 979-11-86788-49-3 (13000)

정가 **15,000**원